O pobre de direita

Jessé Souza

O pobre de direita
A vingança dos bastardos

9ª edição

CIVILIZAÇÃO BRASILEIRA

Rio de Janeiro
2025

Copyright © Jessé Souza, 2024

Capa: Anderson Junqueira
Diagramação: Abreu's System
Diagramação do encarte: Ligia Barreto | Ilustrarte Design

Todos os direitos reservados. É proibido reproduzir, armazenar ou transmitir partes deste livro, através de quaisquer meios, sem prévia autorização por escrito.

Texto revisado segundo o Acordo Ortográfico da Língua Portuguesa de 1990.

Direitos desta edição adquiridos pela
EDITORA CIVILIZAÇÃO BRASILEIRA
Um selo da
EDITORA JOSÉ OLYMPIO LTDA.
Rua Argentina, 171 – 3º andar – São Cristóvão
Rio de Janeiro, RJ – 20921-380
Tel.: (21) 2585-2000.

Seja um leitor preferencial Record.
Cadastre-se no site www.record.com.br
e receba informações sobre nossos
lançamentos e nossas promoções.

Atendimento e venda direta ao leitor:
sac@record.com.br

CIP-BRASIL. CATALOGAÇÃO NA PUBLICAÇÃO
SINDICATO NACIONAL DOS EDITORES DE LIVROS, RJ

S715p

Souza, Jessé
  O pobre de direita : a vingança dos bastardos / Jessé Souza. – 9. ed. – Rio de Janeiro : Civilização Brasileira, 2025.

  ISBN 978-65-5802-155-1

  1. Direita e esquerda (Ciência política) – Brasil. 2. Polarização (Ciências sociais) – Aspectos políticos. 3. Conservadorismo – Brasil. 4. Brasil – Política e governo – Opinião pública. I. Título.

CDD: 320.50981
CDU: 32.019.5:329.11(81)

24-93310

Meri Gleice Rodrigues de Souza – Bibliotecária – CRB-7/6439

Impresso no Brasil
2025

AGRADECIMENTOS

Agradeço a Júlia Vilhena pela crítica certeira e a Bruno Reikdal pela ajuda nas entrevistas dos negros evangélicos.

SUMÁRIO

PREFÁCIO – **Nunca foi a economia, tolinho!** 9

INTRODUÇÃO – **A síndrome do Coringa** 15

1 – Os Estados Unidos como espelho do mundo 21

I. A singularidade americana 21

II. A produção do consentimento 26

III. Da produção do consentimento à construção da extrema direita 39

2 – As raízes históricas da extrema direita no Brasil 57

I. A construção do pacto antipopular e o falso moralismo da corrupção 57

II. A guerra moral entre as classes 64

III. O pobre remediado e a manipulação de sua fragilidade social 76

3 – O branco pobre do Sul do país e de São Paulo e o preconceito regional no Brasil 83

I. A substituição do racismo "racial" pelo racismo "regional" 83

II. Entrevistas: o branco pobre do Sul e de São Paulo 97

III. Análise das entrevistas com os brancos pobres ou empobrecidos 128

4 – O negro evangélico   135

I.   A contrarrevolução evangélica e seu sentido social e político   135

II. Deus e o Diabo na Terra do Sol   142

III. Entrevistas: O negro evangélico   146

IV. Análise das entrevistas dos negros evangélicos   182

CONCLUSÃO – O vingador dos bastardos   193

REFERÊNCIAS BIBLIOGRÁFICAS   217

Prefácio
Nunca foi a economia, tolinho!

O problema sobre o qual este livro se debruça se resume nesta pergunta: por que uma parcela significativa dos pobres – conhecidos hoje como os "pobres de direita" –, os quais teriam muito a perder com Bolsonaro, representante das piores elites nacionais, votaram nele duas vezes de forma maciça? Lembremos que o contexto imediatamente anterior era o da polarização do "nós contra eles": quando os pobres votaram, em peso, pela primeira vez, durante quatro eleições seguidas, em um partido de esquerda, o PT; e a classe média e a elite, como sempre, no PSDB.

Como a pregação da austeridade elitista – eufemismo para o saque da população – não tinha nenhum poder de convencimento, como se nota na popularidade inexistente de Michel Temer, Bolsonaro surge como o azarão capaz de conduzir, pelo voto, depois de duas décadas, o ideário da elite das privatizações e dos saques financeiros impopulares de volta ao poder. Uma proeza e tanto! A questão passa a ser como e por que isso aconteceu? Temos, então, dois pontos: quais foram as novas formas de manipulação da população inventadas, e quais foram as ansiedades das classes populares às quais elas se dirigiram? Em geral, as análises existentes se debruçam sobre esse primeiro ponto. Mas o decisivo é o segundo.

Por que a pregação da extrema direita encontra terreno fértil nos empobrecidos? Vamos deixar algo claro desde o início, cara leitora e caro leitor: a elite real é ínfima e se conta nos dedos no nosso país, e a classe média "real" – definida pelo estilo de vida em comparação internacional – não chega a 20% da população em lugar nenhum do Brasil.[1] Que essas duas classes sociais, que constituem o núcleo do bloco antipopular de classes no poder, votem nos candidatos elitistas é compreensível. As razões para isso serão esclarecidas em detalhe mais adiante. Mas essas classes não elegem ninguém pelo voto em eleição majoritária – por conta de seu reduzido tamanho – embora sejam as classes material e simbolicamente hegemônicas.

Portanto, a questão que realmente importa saber no Brasil de hoje é, em outras palavras, por que parcelas significativas das classes populares, as quais não têm nada a ganhar com Bolsonaro, só a perder, especialmente sob o ponto de vista econômico objetivo – que é como definimos hegemonicamente a ação racional em relação à irracional –, votaram duas vezes em alguém que os prejudica sistematicamente? As respostas para essa questão – a mais importante para o presente e o futuro do país – variam da presunção de "irracionalidade" do público de "bolsominions" até a causalidade religiosa e de visão de mundo conservadora de parcelas desse eleitorado.

A presunção de irracionalidade está baseada na ideia de que a ação econômica – que calcula as perdas e ganhos sopesando sua desejabilidade e utilidade para o indivíduo a partir desse cálculo – é o critério de racionalidade mais importante. Ora, a decantada "racionalidade econômica", como móvel do comportamento humano em sociedade, pode ser percebida como uma balela de fácil comprovação.

As pessoas têm como razão última de sua ação social a dimensão moral, ou seja, a luta por reconhecimento social que garante autoestima e autoconfiança para cada um de nós. Sem isso, ninguém se levanta da cama para fazer qualquer outra coisa. Somos todos seres frágeis e vulneráveis e somos, portanto, construídos pela visão positiva ou negativa que a sociedade possui de cada um de nós. Como essa necessidade é mais primária e importante do que qualquer outra, é a partir dela que

---

[1] Jessé Souza, *A classe média no espelho*, 2018.

devemos nos inquirir quando, muito especialmente, as pessoas "aparentemente" agem, sob a ética da utilidade econômica, contra os seus melhores interesses.

Isso significa, também, que não existe "a economia" enquanto tal, fora de um horizonte moral e ético que define seus limites e possibilidades. Afinal, não existe a "neutralidade valorativa da economia", ou seja, todo modelo econômico possui, no seu núcleo, uma concepção de justiça muito singular. A economia moderna inventou as equações e os números precisamente para criar a impressão de ser um conhecimento exotérico que pudesse reivindicar a neutralidade "técnica" dos números e das ciências exatas. Tudo foi montado para que esquecêssemos de que toda forma de produção e de circulação de bens e mercadorias já é prenhe de determinada definição de justiça que diz que alguns vão ter tudo, e outros nada ou muito pouco. E o que importa é exatamente saber quem ganha e quem perde com essa definição de justiça recalcada pela formalização da economia.

Nesse sentido, a economia jamais foi, em nenhum caso histórico, o móvel do comportamento humano, simplesmente porque não existe nenhuma forma de dividir e produzir bens que não esteja ancorada em uma visão de justiça que é sempre contingente e particular. O que passa por questão econômica é, na verdade, um esquema de produção e distribuição de mercadorias segundo um princípio moral singular. O núcleo de qualquer produção e distribuição econômica é, portanto, uma questão e uma escolha moral.

O que imaginamos ser econômico de modo moralmente neutro é a presunção de que uma forma muito específica de produzir e distribuir bens se torne algo "natural", aparentemente, sem alternativa possível. Trata-se aqui da imposição do que é objetivamente já dado, como se fosse a única forma possível, exatamente para evitar sua crítica e o pensamento em outras opções. A economia moderna se esforça, por conta disso, em ser percebida como se fosse a imposição de uma "razão técnica" neutra e distanciada. Tudo foi feito para que não se pense mais a economia como "economia política", ou seja, como uma realidade política e, portanto, moral, como era pensada no século XIX.

Isso significa que o móvel último de nosso comportamento social, como Hegel já havia intuído, é sempre "moral", quer saibamos disso ou não. A reconstrução da hierarquia moral subjacente à sociedade moderna já foi realizada em outros trabalhos, e não vou repeti-la aqui.[2] O problema é que essa hierarquia moral é implícita e precisa ser expressa e articulada para se tornar compreensível. Desse modo, a confusão e a desorientação no mundo social complexo, que é o destino dos desadaptados, abrem um espaço considerável para a manipulação das necessidades dos indivíduos. Isso implica que as pessoas pobres votaram em Bolsonaro causas morais, e não econômicas.

E essas causas morais não são as que imaginamos que sejam, como o conservadorismo moral e a pauta de costumes. Ao contrário: o apego à pauta de costumes e ao moralismo convencional são decorrentes de outras feridas morais mais importantes, como a experiência da humilhação cotidiana – a qual não é compreendida em seus efeitos reais. Quais são essas causas morais? Por que elas ganharam os corações e mentes de tantos oprimidos? Essas são as questões mais importantes para entendermos o Brasil atual.

As explicações existentes, que não estão implicitamente baseadas no cálculo econômico, interpretam, por outro lado, a moralidade de modo superficial. As outras explicações que dizem que os pobres votaram em Bolsonaro por serem religiosos ou conservadores, na verdade, se limitaram a "descrever" um fenômeno – menos ainda, se limitaram a circunscrever seu público –, ou seja, não o explicam. A explicação precisa ir mais profundamente e considerar: por que tantos pobres escolheram essa orientação religiosa e não nenhuma outra dentre tantas possíveis? Por que a maioria dos pobres, inclusive, adere a uma mora-

---

[2] Ver Jessé Souza, *A construção social da subcidadania*, 2023; Axel Honneth, *Der Kampf um Annerkenung*, 1992; e Charles Taylor, *The Sources of the Self*, 1995.

PREFÁCIO

lidade convencional e conservadora que foi construída especialmente para oprimi-la? Sem responder a isso, não iremos "compreender" nada, mas apenas fingir que compreendemos. A causalidade social tem que ser reconstruída em todos os seus elos de sentido para que cheguemos às causas reais e operantes em cada caso.

Este é o objetivo deste livro: explicar, e não apenas descrever, as razões últimas que fizeram uma parcela significativa de um povo sofrido votar em um candidato que é, objetivamente, medido pela regra da utilidade econômica, votar em seu maior inimigo. Tal questão exige que penetremos nos mistérios e segredos de nossa história peculiar, que foi, inclusive, muito mal interpretada por pensadores elitistas que se passavam por críticos sociais.[3]

Uma dessas omissões da nossa inteligência hegemônica foi um fato que irá desempenhar um papel central neste livro: ninguém presta muita atenção a isso, mas o Brasil é dividido entre uma porção que é majoritariamente branca – como os 72% da população do Sul do Brasil e 58% de São Paulo – e outra, 75% majoritariamente negra e mestiça – de São Paulo "para cima" no mapa. Não conheço ninguém que tenha transformado essa "linha divisória" tão importante em um problema fundamental de pesquisa para o comportamento político no nosso país. E isso em um país com uma escravidão de 350 anos e um racismo que, embora "cordial", é dos mais insidiosos de que temos notícia.

Explicar Bolsonaro é, portanto, como veremos adiante, compreender como o racismo brasileiro – mesmo depois do seu interdito na esfera pública que o transformou em "cordial", tentando negar a si mesmo – encontrou novas máscaras para exercer suas manifestações mais arcaicas. E veremos em detalhe como essa linha divisória entre o Sul e São Paulo, do branco europeu imigrante, vai se opor ao resto do país, majoritariamente mestiço e negro – mascarando o racismo "racial" em racismo "regional". Isso não significa chamar tudo de

---

[3] Jessé Souza, *Brasil dos humilhados*, 2022c.

racismo, mas simplesmente entender como ele vai assumindo, sempre, novas vestes e máscaras para continuar vivo, fingindo que morreu ou que nunca existiu.

A partir desta questão, poderemos compreender o problema decisivo: por que Bolsonaro é o representante orgânico mais fiel do "branco pobre" do Sul e de São Paulo? Sendo eles, como efetivamente o foram, os grandes responsáveis por suas votações expressivas em todos esses "estados brancos" da federação em duas eleições.[4] Embora tenham existido outros públicos importantes – inclusive o "negro evangélico", também a ser discutido neste livro –, nenhum se transformou no segmento social "suporte"[5] de Bolsonaro como os seus coirmãos de origem europeia – mas empobrecidos e, portanto, ressentidos como são o próprio Bolsonaro e sua família.[6]

---

[4] Para a eleição de 2018, *ver* "Presidente por estado", *UOL*, 9 out. 2018. Para a eleição de 2022, *ver* "Presidente por estado", *UOL*, 30 out. 2022.

[5] A ideia de segmento social "suporte" de um líder, religioso ou político é de Max Weber, como forma de identificar o segmento alinhado de modo verdadeiramente orgânico ao líder, embora outros pontos de apoio possam existir.

[6] Eu me refiro aqui, obviamente, à família onde Bolsonaro nasceu e sua origem pobre, e não à sua família atual enriquecida pelos negócios escusos. *Ver* Ilze Scanparini, "No século XIX, família de Bolsonaro saiu da Itália para trabalhar em SP", *Fantástico*, 28 out. 2018.

Introdução
A síndrome do Coringa

Temos de deixar claro, logo de início, que as causas mais amplas e gerais para o advento da extrema direita – que se baseia no cidadão empobrecido e que não conhece as causas de seu sofrimento – não são nacionais nem especificamente brasileiras. O seu pano de fundo é o capitalismo financeiro mundial que enriquece uma meia dúzia às custas dos bilhões de empobrecidos no mundo todo. O funcionamento do capitalismo financeiro é opaco, baseado na existência de "paraísos fiscais", para a evasão de impostos dos mais ricos, e nas dívidas públicas galopantes e nunca auditadas. Ou seja, tudo aponta para a fraude e corrupção organizadas de dívidas privadas transformadas em públicas, que só são toleradas por conta de uma imprensa também privada e conivente que cria uma realidade virtual e invertida para a população.

O filme *Coringa* (2019), de Todd Phillips, estrelado pelo grande Joaquin Phoenix, toca em um ponto nevrálgico de nosso tempo ao reconstruir o cidadão empobrecido, que se torna consciente de sua raiva e reage de modo pré-político fazendo justiça com as próprias mãos. O personagem principal, ao contrário do que poderíamos supor, é uma figura social típica do nosso mundo, e não um ponto fora da curva. O quadro patológico do Coringa é apenas a exacerbação de uma característica "normal" e generalizada no mundo neoliberal do capitalismo financeiro.

O nosso anti-herói é pobre, cuida de uma mãe doente e é humilhado constantemente em casa, no trabalho e na rua. É humilhado pela mãe, pelos colegas, pelo governo, pelas instituições de assistência social, pelos outros, no trem. E é humilhado, finalmente, pela solidão atroz que o faz viver uma vida de imaginação e fantasia. Este é o ponto central: a experiência da humilhação é de 24h, sem sossego e até mesmo durante o sono, pois quem é humilhado e invisibilizado acaba sonhando com sua vexação diária – já que o cotidiano perfaz o material dos sonhos.

Isso é algo que alguém das classes do privilégio – como a classe média "real",[1] que monopoliza o conhecimento legítimo – não sente e, portanto, não sabe o que significa. A elite e a classe média não têm a experiência da humilhação diária e recorrente. E para se entender o novo sujeito criado pelo neoliberalismo é preciso compreender a experiência da humilhação constante como sua marca mais profunda e existencial: ser humilhado é sua vida de fio a pavio.

Também é necessário assimilar que a experiência da humilhação é a mais fundamental para a dor e miséria de um ser humano. Afinal, como sabia Hegel melhor do que ninguém, o nosso comportamento não é determinado por necessidades econômicas, como acreditam tanto o liberalismo quanto versões do marxismo. Ele é determinado pela nossa necessidade mais básica de todas: o reconhecimento social de nossa dignidade e singularidade. Sem isso, não temos autoestima. E, sem autoestima, propiciada por uma ideia positiva sobre si a qual é sempre mediada pela percepção dos outros sobre nós, já entramos derrotados na competição social. Não à toa, as doenças da época são a depressão e o alcoolismo – causadas, quase sempre, pela falta de autoestima e autoconfiança.

Os sinais dos novos tempos estão no cotidiano: emprego mal pago, trabalho precário, culto aos ricos e ódio aos pobres, corte dos gastos

---

[1] Conforme será melhor detalhado adiante, a noção de classe média "real" existe para combater a ideia nociva de que a classe C, que ganha a média da renda nacional, seria uma "nova classe média", ideia hoje bastante aceita. Ora, quem ganha a renda média num país pobre e desigual é pobre, mesmo que remediadamente pobre. Classe média é uma classe de privilegiados que reproduzem nos seus filhos os mesmos privilégios.

sociais (remédios deixam de ser custeados pelo Estado), desorientação e falta crônica de esperança. Um dos principais sinais do quadro desolador de ser humilhado o tempo todo é, precisamente, a fuga na fantasia e na imaginação, que é o destino dos que se sentem abandonados. Quando a realidade se torna insuportável, a fuga na fantasia é inevitável para tornar a vida minimamente palatável.

O Coringa, nosso anti-herói, fantasia um namoro com sua vizinha a partir de um breve encontro fortuito no elevador, assim como fantasia seus sonhos de sucesso e de fama como comediante. A sua solidão e isolamento são extremos, e esse talvez seja o aspecto principal aqui. O novo oprimido se encontra sozinho e sem defesa. Não tem mais os sindicatos ou associações sociais que o apoiam. Esse talvez seja o subproduto mais importante da guerra aos sindicatos promovidas pelo capital financeiro dominante desde os anos 1980. A pobreza e a humilhação passam a ser vividas como dores pessoais e intransferíveis. Pior, passam a serem vividas como merecimento individual pelo fracasso social.

O isolamento marca, inclusive, o tipo de rebelião que esse tipo social está condenado a fazer. Os seguidores do Coringa, no final do filme, se identificam com sua luta contra os poderosos e contra o "sistema" e passam a agir como ele em atos de violência, sem controle ou limites. É o mundo da anarquia, da rebelião imediata, cega e sem estratégia ou propósitos definidos, outro reflexo da guerra travada nas últimas décadas contra todos os baluartes de proteção da classe trabalhadora. Sem sindicato, sem partido confiável e sem compreender o contexto social maior no qual está inserido, porque também a toda a grande imprensa foi comprada, é a violência bestial e sem direção que passa a ser a crítica possível a um mundo com poucos vencedores e muitos perdedores.

Nesse sentido, o Coringa é a figura social mais típica de um mundo no qual a pobreza é vivida como culpa pessoal das próprias vítimas. Por conta disso, ele é uma boa introdução deste livro: como entender que pessoas pobres, brancas e negras, votem e apoiem os candidatos da extrema direita que representam, na realidade, as piores elites e seus maiores inimigos? A resposta mais comum é supor falta de inteligência, como se a raiz do comportamento contrário aos melhores interesses do sujeito oprimido fosse "racional", fruto de uma escolha consciente e refletida. É isso que se imagina quando se fala em "bolsominion", por exemplo. Essa é a perspectiva dominante no senso comum.

A resposta "científica" dominante parece ir em outra direção. Aqui, a índole conservadora passa a ter causas políticas ou religiosas. Diz-se, então, que é o perfil conservador do indivíduo ou influência de sua igreja ou religião. Ainda que essa explicação seja um pouco melhor e vá um passo adiante da que atribui o comportamento irracional à "burrice", ela ainda é visivelmente incompleta e superficial. Afinal, o que importa saber é o "porquê" da pessoa em questão ter "escolhido" aquela religião e não qualquer outra? Ou ainda, o "porquê" de ela recorrer a uma moralidade restritiva e até violenta que, em última análise, limita a si e os outros? O que importa saber é o que está por trás de todas essas aparentes "escolhas". É isto o que a verdadeira ciência precisa fazer: elucidar o que o senso comum não vê e aprofundar a análise superficialmente científica que fica no meio do caminho. Esse será o nosso desafio neste livro.

O Coringa nos dá o mote do comportamento que importa esclarecer. A legião de esquecidos e humilhados – que aumenta a cada dia em todo lugar, muito especialmente em países onde a ideologia neoliberal domina sozinha o imaginário social, como os Estados Unidos e o Brasil – possui uma raiva e um ressentimento contra o mundo que eles não conseguem explicar nem direcionar, mas apenas experenciar e vivenciar como culpa individual. Cerca de metade da população brasileira tem uma vida muito semelhante à do Coringa, por vezes, inclusive, bem pior.[2] Nos Estados Unidos, um país de antiga afluência e riqueza do

---

2 Ver Jessé Souza, *A ralé brasileira*, 2022b.

capitalismo industrial, os ganhos do trabalhador estão estagnados há cinquenta anos. Mesmo lá, muitos são pobres ou muito pobres.[3]

O problema é que os pobres e despossuídos são também aqueles que menos compreendem como o mundo social funciona, os que são as maiores vítimas de todos os preconceitos sociais criados pelos poderosos para oprimi-los. Quem mais acredita na meritocracia – a crença no mérito individual do sucesso social – é o mais pobre, ou seja, justamente a sua maior vítima.[4] Se assim não fosse, leitor e leitora, não existiria opressão social duradoura. A violência pode ser importante de forma momentânea, mas sem convencimento do oprimido de sua própria inferioridade não se tem dominação estável. Por conta disso, faz-se necessária a construção de instituições de defesa da classe trabalhadora, como os sindicatos e associações profissionais. Daí que seja necessário imprensa livre e mídia plural baseadas no contraditório. Daí que seja necessário uma educação pública e crítica. Ou seja, tudo o que já perdemos ou estamos em vias de perder.

É essa situação de precariedade tanto material quanto cultural e simbólica que ajuda a esclarecer o que parece inexplicável. Essa é, também, a onda que a extrema direita surfa com desenvoltura. Os Coringas do mundo atual e seu sofrimento são a matéria-prima essencial para a falsa rebelião da extrema direita no mundo todo. É importante compreender o contexto histórico que propiciou tamanha mudança de comportamento. Legitimar a opressão injusta é o trabalho principal de qualquer classe social dominante. Não há domínio duradouro sem o convencimento do oprimido de sua inferioridade inata, ou de que a pobreza é culpa de si mesmo. Como foram construídos os "Coringas modernos", ou seja, os trabalhadores superexplorados, humilhados e precarizados? Como essa nova classe se tornou a matéria-prima mais importante da extrema direita mundial e brasileira?

---

3 "Mais de 140 milhões de pessoas são pobres nos EUA, denuncia ONG", *Exame*, 26 set. 2018.
4 *Ver* Jessé Souza, *op. cit.*, 2022b.

1. OS ESTADOS UNIDOS COMO ESPELHO DO MUNDO

I. A SINGULARIDADE AMERICANA

Qualquer análise do capitalismo moderno deve partir do desenvolvimento do capitalismo americano. Desde o último quarto do século XIX, são os Estados Unidos que passam a comandar o poderio industrial em escala mundial. E, depois da Segunda Guerra Mundial, passam a comandar também a legitimação simbólica do imperialismo "soft"[1] americano. Eles irão exportar não apenas produtos manufaturados, mas, também, as ideias que justificam o novo arranjo do capitalismo imperialista em escala mundial. Já no final do século XIX, tornam-se o país mais rico e afluente do mundo, tendo atraído cerca de 35 milhões de imigrantes de todo o mundo, especialmente da Europa. A partir desse momento, todas as mudanças importantes que ocorrem no mundo, com a possível exceção do fascismo europeu dos anos 1920 e 1930, tiveram início nos Estados Unidos antes de se espalharem pelo mundo. Isso vale também para a "nova extrema direita mundial" – que guarda certa semelhança com o fascismo anterior, mas que tem singularidades importantes – que se cria a partir dos anos 1970.

Daí que é fundamental analisar as transformações da dominação simbólica capitalista partindo do caso americano. Nota-se que foram de lá que vieram todas as estratégias de dominação política dos últi-

---

1 Leo Panitch e Sam Gindin, *The Making of Global Capitalism*, 2013.

mos 120 anos – como a transformação do cidadão em consumidor, a criação do Estado social, a legitimação para a nova extrema direita mundial e, finalmente, o ideário identitário neoliberal abraçado pelo Partido Democrata desde os anos 1990. Tudo isso foi primeiro criado nos Estados Unidos antes de ganhar o mundo inteiro.

O imperialismo "informal" americano, que prescinde da dominação política e militar explícita em favor de uma influência econômica e cultural, só é criado, com todos os seus pressupostos e consequências, depois da Segunda Guerra Mundial. Primeiramente, o país desenvolve durante séculos uma espécie de "imperialismo para dentro" – povoando e, em seguida, comprando ou conquistando, do vizinho México ou de antigas potências coloniais, territórios contíguos no próprio continente.

Essa rota de desenvolvimento abre imensos territórios livres para a ocupação econômica, que criam o que se chamaria mais tarde de "fronteira americana". A existência de uma fronteira aberta, com terras férteis e cultiváveis, vai marcar o desenvolvimento do capitalismo americano de modo indelével em todas as dimensões. As imensidões territoriais de terras a serem povoadas criam, ao mesmo tempo, um atrativo permanente para as massas de imigrantes europeus – que chegam aos milhões ao país – e uma classe trabalhadora de altos salários relativos, já que a fronteira é uma opção sempre aberta ao trabalhador.

Isso vai implicar, também, que o tipo de desenvolvimento industrial americano será de capital intensivo, o que aumenta sua produtividade e dinamismo ao mesmo tempo que permite a criação de um mercado interno crescente e pulsante, composto pela capacidade de consumo da própria classe trabalhadora. Por outro lado, também permite a expansão de uma classe de pequenos e médios proprietários rurais, que mantém considerável poder político e simbólico até pelo menos o começo do século XX. Paralelamente, se cria uma classe de capitalistas e de financistas que aproveitam as chances abertas pela construção de um amplo e dinâmico mercado interno.

OS ESTADOS UNIDOS COMO ESPELHO DO MUNDO

A construção da gigantesca malha ferroviária americana, que liga todo o país e desbrava áreas remotas, foi um desses empreendimentos que demandaram extraordinária capacidade logística e concentração de recursos. A mesma capacidade de concentração de recursos e de altos investimentos foi decisiva no desenvolvimento de indústrias fundamentais, como a de petróleo e aço. Tamanho dinamismo econômico não poderia deixar de ser acompanhado de conflitos distributivos de toda ordem entre as diversas classes sociais.

Em primeiro lugar, pequenos e médios proprietários de terra, que incorporavam o lugar simbólico do *self-made man* americano, o pioneiro que faz fortuna com o suor do próprio trabalho como nenhuma outra classe social e que, por isso, dispõe de considerável peso político local e regional. É a força política dos *farmers* que evita, por exemplo, uma concentração financeira precoce nos Estados Unidos, e que retarda a criação de um banco central verdadeiramente operante até o começo do século XX. Os proprietários de terra desconfiavam, com razão, de que a concentração e a força de um setor financeiro autônomo e centralizado seriam utilizadas contra eles.

Nos centros urbanos, os conflitos de classe são ainda mais explosivos. Até o final do século XIX, os Estados Unidos possuem o maior e mais organizado e atuante proletariado do mundo, com greves constantes e grande atividade sindical, ainda que essa seja considerada ilegal. Por outro lado, forjada no embate com os trabalhadores, se cria uma divisão de capitalistas com inaudito grau de coesão e de consciência de classe, que age em conjunto contra sindicatos e grevistas. Essa é a grande e verdadeira luta decisiva da sociedade americana. Muitas das greves terminam em banho de sangue, com a polícia atuando como tropa armada do capital.

As lutas dos trabalhadores americanos alcançam o seu pico nos anos 1890, quando as reivindicações da legalização de sindicatos na indústria do aço, das minas e das ferrovias quase conseguem a adesão dos pequenos e médios proprietários rurais radicalizados. A radicalização da luta de classes faz com que os capitalistas, por sua vez, ajam em conjunto e de modo concertado para influenciar o poder político a seu favor. São criadas inúmeras organizações em níveis local, regional e nacional para representar os capitalistas, como a influente National Association of Manufacturers [Associação Nacional de Fabricantes – NAM], com o objetivo de combater a crescente ação sindical. Por volta dessa época, consolida-se entre os empresários a necessidade de uma consciência de classe da liderança capitalista, a ser construída em aliança com o Estado americano.[2]

O reagrupamento das forças das classes em disputa leva a uma nova aliança dos capitalistas com o Partido Republicano, forjada no contexto da decisiva eleição de 1896, com a vitória da coalizão capitalista sobre as forças populares. A vitória republicana leva a mudanças fundamentais no sistema político americano e na função do Estado. Em primeiro lugar, mudanças das regras eleitorais têm o intuito de reduzir drasticamente a força dos sindicatos e das organizações dos trabalhadores. Também o poder judiciário passa a atuar em uníssono como força conservadora contra as reivindicações dos trabalhadores.

A crise de 1929, todavia, muda esse quadro drasticamente, enfraquecendo a elite financeira e industrial que havia levado o país à sua maior debacle econômica. O New Deal – que se tornaria mais tarde uma expressão tão forte a ponto de ser usada para identificar a social-democracia – de Franklin Delano Roosevelt, entre 1932 e 1944, é a resposta a essa crise de morte do capitalismo. A partir de agora, o Estado deve não apenas servir ao enriquecimento da pequena elite de proprietários, mas, também, garantir o bem-estar geral das classes trabalhadoras. A manutenção da luta de classes dentro dos limites de um contexto regulado politicamente é a grande novidade do New Deal.

Roosevelt realizou o maior esforço americano de construção de um Estado social e de liberdades trabalhistas pensadas, no entanto, como

---

2 *Ibidem.*

uma aplicação de conceitos keynesianos para possibilitar o desenvolvimento capitalista de modo organizado e aplicado por uma burocracia técnica, profissional e, agora, estatal. O fundamento do New Deal como política de Estado era precisamente evitar que os interesses capitalistas privados controlassem enquanto tal toda a atividade do Estado, impedindo sua autonomia relativa em relação à economia e, portanto, sua capacidade de corrigir as consequências não intencionais do mercado em situações de crise.

Na dimensão econômica, o Federal Reserve, o banco central americano, adquire funções que vão muito além da de servir como último recurso para evitar a insolvência de bancos, e passa a administrar toda a performance da economia. A separação entre bancos de investimento e bancos comerciais permitiu que a especulação com títulos e atividades de risco na arena internacional ficasse com os primeiros, enquanto os segundos financiavam o esforço de reconstrução industrial interna com juros baixos.[3]

O Departamento do Tesouro assume a preponderância em relação ao banco central e ao Departamento de Estado, e funciona como defensor da economia enquanto um todo, insulando as influências de capitalistas individuais antes decisivas. O Estado passa a funcionar como instância racionalizadora do capital sob a supervisão de agências reguladoras, e adquire uma burocracia baseada em mérito e capacidades técnicas. Além disso, o esforço de guerra viabiliza rapidamente forças armadas permanentes sem rival no planeta.

No final da Segunda Guerra Mundial, ao contrário do que havia acontecido na Primeira, o Estado americano já havia desenvolvido capacidades fundamentais para assumir o comando do processo de reorganização do capitalismo em escala mundial. Com a ameaça soviética às portas, o New Deal doméstico americano também será exportado sob a forma do "compromisso social-democrata" para todos os países-

---

3 *Ibidem.*

-chave da Europa Ocidental. O compromisso de classes rooseveltiano passa a caracterizar o Partido Democrata americano, que exporta o mesmo modelo aos países aliados europeus de modo a conseguir o consentimento das classes trabalhadoras locais.

II. A PRODUÇÃO DO CONSENTIMENTO

A democracia americana do tempo dos pioneiros, e decantada por Tocqueville, se transforma, ao longo da última metade do século XIX, numa plutocracia dos super-ricos, que opera com mãos de ferro e usa todos os meios para se perpetuar no poder. Desde então, a plutocracia dos negócios rege a política americana. Os doze anos de New Deal rooseveltiano, entre 1932 e 1944 – e sua continuidade no ambiente internacional até o final dos anos 1970 –, foram as únicas exceções. Ainda assim, apenas parciais.

Como acontecerá no Brasil e no resto do mundo, o grande inimigo do domínio irrestrito das plutocracias econômicas americanas será o sufrágio universal e a democracia como formas aceitas no âmbito internacional de justificação de todo tipo de poder político. São precisamente elas que permitem a participação popular num sentido contrário aos interesses elitistas. Como não existe, depois da decadência na crença do direito divino dos reis, outra forma de legitimar a dominação política que não pelo sufrágio universal, a saída da elite americana foi desenvolver maneiras de manipular a população de modo a fazê-la se comportar e votar contra os seus melhores interesses. Isso tudo mantendo, formalmente, o processo democrático. Assim, ao contrário da elite brasileira, sempre disposta a recorrer a golpes de Estado, a estratégia da elite americana sempre foi a de enganar e manipular sua população, ou, como diz sua própria elite funcional encarregada desse trabalho: "fabricar consenso".

A "fabricação de consenso" – eufemismo para a consciente manipulação das massas contra seus melhores interesses – vai exigir uma divisão de trabalho e uma segmentação estrutural e institucional nova no campo da dominação simbólica do capitalismo. Seus operadores vão agir numa dimensão menos abstrata do que o nível científico, ainda que em estreita relação de influência e cooperação recíprocas com a ciência hegemônica. Eles irão atuar como conselheiros diretos de endinheirados e poderosos nas agências de propaganda e de governo, que serão criadas tanto no mercado quanto no aparelho de Estado.

Esse nível intermediário é típico da elite funcional do mercado e do Estado, que lida com conhecimento prático e imediatamente aplicável para a resolução de problemas concretos advindos da dominação social e política. Ele está tão ligado à imprensa que perceber as fronteiras entre essas atividades é difícil. Tanto que, como veremos, suas figuras centrais são, muitas vezes, também jornalistas e articulistas de renome, de forma que a relação com a imprensa é percebida como componente indissociável de sua atividade.

A arquitetura institucional do que estamos chamando de "campo de dominação simbólica" se reproduz numa estrutura tripartite. Sua dimensão de maior grau de abstração e, ao menos aparentemente, de maior autonomia relativa, é a produção da ciência hegemônica em universidades, think tanks e centros de pesquisa. Em seguida, temos o pessoal com a "mão na massa", os operadores da "fabricação do consentimento" nas trincheiras do mercado e do Estado. A seguir, em íntima relação com os operadores, a imprensa comercial e o estabelecimento da opinião pública respeitável dominante em países como Brasil e Estados Unidos. Esse é o desenho estrutural e institucional da indústria de produção de violência simbólica e consentimento. Essa estrutura institucional começa a ser produzida no começo do século XX como resposta à questão premente do controle das massas pela elite capitalista.

No mundo inteiro, a partir da segunda metade do século XIX, ganha força a interpretação da crescente reação política das classes populares contra a ordem estabelecida como uma oposição do "caos" à "ordem". Essa ideia havia se tornado um tema central do pensamento conservador e elitista como reação à entrada dos trabalhadores organizados na esfera pública e na cena política. Predecessores da psicologia social, como os franceses Gustave Le Bon e Gabriel Tarde, defendiam o caráter ilógico e irracional do pensamento humano, muito especialmente das multidões e dos grandes grupos. O pensamento elitista dos italianos Gaetano Mosca e Vilfredo Pareto trabalhava com pressupostos semelhantes.

Nos Estados Unidos, a figura central nesse contexto foi também um intelectual – nesse caso, um "intelectual prático", escritor e jornalista poderoso e eminente –, conhecido conselheiro de presidentes e da elite funcional americana do início do século xx: Walter Lippmann. Vemos nele a vinculação, a partir daí indissociável, entre "elite funcional" e imprensa comercial. Lippmann, antes um socialista, passou a defender a ideia de que uma verdadeira democracia baseada na soberania popular era impossível. Por conta disso, era necessário que uma casta de pessoas "educadas e responsáveis" assumisse o controle da sociedade.

Mas Lippmann não ficou apenas na exortação da necessidade de o povo ser guiado pelos mais "aptos e inteligentes". Ele escreveu um dos livros mais influentes do século xx no campo da psicologia social e da arte de "fabricar consentimento": *The Public Opinion*[4] [Opinião pública], publicado em 1922. Nessa obra, Lippmann analisa as razões da carência cognitiva da maioria das pessoas e, portanto, a necessidade de serem conduzidas por uma elite "esclarecida". Ele defende que a maior parte da população é, por carência de educação e raciocínio, guiada por "pseudoambientes" [*pseudo-environments*] e por estereótipos, que são construções coladas à sua experiência prática e cotidiana, ou seja, percepções fixas e imagéticas que guiam as ações das pessoas, que as carregam ao longo da vida. O não acesso à educação e à crítica consciente implica, portanto, a reprodução inconsciente dessas falsas percepções do mundo, as quais, por seu conteúdo afetivo, provocam sempre forte reação quando contestadas.

---

4 Walter Lipmann, *The Public Opinion*, 2015.

A obra de Lippmann vai ter extraordinário impacto sobre a ciência e a filosofia americana e, por isso, também na dimensão mundial. São ideias muito próximas às de Lippmann que permitiram Joseph Schumpeter, nos anos 1940, desenvolver a ciência política pragmática ou "realista" que se tornaria hegemônica desde então.[5] Como contraponto a ele, representando a ainda então vigorosa tradição democrática radical americana, temos a obra de John Dewey – considerado por muitos o grande filósofo americano do século XX – que publica, em debate direto com Lipmmann, *The Public and Its Problems*[6] [O público e seus problemas], advogando que o esclarecimento do público depende de uma esfera pública plural e livre. Uma senda que, mais tarde, seria trilhada por Jürgen Habermas.

Mas foi como "política prática" – como roteiro para a dominação elitista – que suas ideias tiveram maior influência. Para Lippmann, o desenvolvimento da nova psicologia e a descoberta das regras de funcionamento do inconsciente e da mente humana abriam oportunidades inauditas para a condução do "rebanho popular", sobretudo por meio da manipulação de seus estereótipos pela classe "esclarecida e responsável". Quando o presidente americano Woodrow Wilson se defronta com o desafio de convencer o povo americano – até então profundamente pacifista – a entrar na Primeira Guerra Mundial, contradizendo sua promessa de campanha, é Walter Lippmann quem o aconselha a construir uma agência de propaganda para alcançar esse objetivo.

O extraordinário sucesso do Creel Committee (Committee on Public Information [Comitê de Informação Pública]) – agência de propaganda do governo Wilson, que em seis meses consegue transformar uma nação de pacifistas em fanáticos belicistas – encanta a elite americana. Na base da campanha, estava a manipulação do medo da população, alcançada por meio de relatos mentirosos em filmes montados pela

---

5 Joseph Schumpeter, *Capitalism, Socialism, Democracy*, 2018.
6 John Dewey, *The Public and Its Problems*, 2016.

propaganda inglesa para inspirar ódio aos alemães, retratados como assassinos de crianças e torturadores impiedosos. Além disso, as grandes personalidades e os atores mais populares da nascente Hollywood foram chamados para exortar o apoio do grande público. A campanha teve tanto sucesso que as orquestras deixaram de tocar Beethoven por medo de represálias. Pela primeira vez, o uso consciente da propaganda como arma política havia mostrado que o povo poderia ser manipulado a partir de cima, como marionetes.

Esse fato marca um histórico divisor de águas na forma como a dominação social e política passará a ser exercida nos Estados Unidos e no mundo. A elite econômica e política americana havia acabado de descobrir uma arma letal contra seu principal inimigo doméstico: o próprio povo trabalhador. A partir daí, o trabalho de dominação social utilizará cada vez menos a violência física e policial – que geram revolta e descontentamento abertos – e cada vez mais a violência simbólica da manipulação consciente dos medos e ansiedades do público. Podemos testemunhar essa transformação fundamental, inclusive com seu uso contra a população dos países colonizados pelo imperialismo informal americano, na produção intelectual de apenas um indivíduo.

No Creel Committee de Wilson, trabalhava um jovem, na época com apenas 26 anos, que viria a desenvolver – como nenhum outro – o alcance prático das ideias de Walter Lippmann. Edward Bernays, sobrinho de Sigmund Freud, havia se acostumado desde a infância a ouvir histórias sobre a importância e o poder da vida inconsciente – com suas ilusões, regressões e recalques. Ao contrário do tio, preocupado em compreender a vida inconsciente para ampliar o controle consciente do indivíduo sobre si mesmo, o sobrinho se encantava com as possibilidades de manipulação dos inconscientes individual e coletivo para a fundação de um novo ramo de negócios: o de conselheiro de relações públicas de empresas e partidos políticos. Nascia a publicidade e a propaganda modernas. Seu serviço prestado aos poderosos e endinheirados seria o que Lippmann havia chamado de "fabricação do consentimento".

Em seu primeiro livro de grande sucesso, intitulado *Crystallizing Public Opinion*[7] [Cristalização da opinião pública] e publicado apenas um ano depois do livro clássico de Walter Lippmann, Bernays lança as bases de sua nova ciência para a fabricação de consentimento entre as grandes massas. A partir de sua experiência no Creel Committee, Bernays adapta os novos métodos ao mundo dos negócios em geral. Para gerar respeitabilidade para a nova "ciência", o autor evoca conceitos das ciências naturais – como o da "cristalização", retirado da química, que faz parte do título do livro –, assim como haviam feito vários outros pioneiros das ciências sociais antes dele.

Os trabalhos clássicos de psicologia social de Gustave Le Bon e Gabriel Tarde são referências óbvias, e permitem antever a união do trabalho de relações públicas de Bernays com o trabalho da imprensa como principal instância de distribuição e divulgação do consentimento fabricado. Le Bon, que havia conseguido extraordinário sucesso junto às elites ocidentais com seu livro *The Crowd: A Study of the Popular Mind*[8] [Psicologia das multidões], temia o efeito deletério das multidões – ou seja, das massas populares – sobre as hierarquias consagradas da "ordem social". Para ele, como para Lippmann e todos os fabricantes de consentimento, o pensamento das massas é ilógico, primitivo e eivado de ilusões.

São essas ilusões que ele vê como instrumento no controle do "perigo popular". É preciso conhecê-las para guiá-las na direção certa e conveniente. É ele o pioneiro da ideia que aponta a necessidade de uma "aristocracia intelectual" para manipular as ilusões das massas num sentido adequado. Gabriel Tarde, seu amigo, evoca a importância da imprensa e das agências de informação como os canais adequados para a produção de um pensamento homogêneo a ser imposto ao público. Essas são ideias seminais para Bernays e para todas as relações públicas e

---

7 Edward Bernays, *Crystallizing Public Opinion*, 2018.
8 Gustave Le Bon, *The Crowd*, 2009.

os fabricantes de consentimento. Uma estreita relação com a imprensa e com os canais de comunicação passa a ser um pressuposto do sucesso na produção do consentimento. Mas nenhuma influência é mais forte do que a de Walter Lippmann. Bernays chega a definir o seu próprio trabalho como a "produção de novos estereótipos", no sentido definido por Lippmann.

A partir daí, Bernays coleciona um sucesso atrás do outro. Seus conselhos agora se dirigem à nata da classe capitalista americana, que compreende rapidamente sua eficácia. Afinal, as consequências de seu "desprezo" pelo público e pelos trabalhadores – que era o sentimento de classe mais espontâneo e nativo da elite, e implicava violenta repressão policial – havia sido a origem do ódio público aberto contra os plutocratas. A elite endinheirada americana aprende que é mais vantajoso atrair a simpatia das massas, antes odiadas e desprezadas. O produto do desprezo era a luta de classes como uma ferida aberta, greves e ódio do povo aos plutocratas, percebidos como inimigos. Assim como haviam mudado de opinião sobre a guerra em tão pouco tempo, os americanos também poderiam, pela manipulação de sua capacidade de reflexão no contexto de uma esfera pública supostamente livre – que é o pressuposto estrutural da produção do consentimento –, passar a amar os ricos que antes odiavam.

Duas estratégias são construídas para esse fim. Primeiro, surge a ideia de que a extrema riqueza de alguns poucos é uma coisa boa para todo mundo. Assim, figuras odiadas como John D. Rockefeller se transformam da noite para o dia em filantropos amados. Uma pequena parte das grandes fortunas passa a ser utilizada para criação de fundações com nomes de bilionários e para investimento em causas humanitárias. Na outra ponta, e com sucesso inaudito, o cidadão é transformado em consumidor. Dessa forma, dadas certas precondições, pode-se esvaziar todo o potencial emancipador e crítico de uma população direcionando sistematicamente seus desejos de modo a fazê-los coincidir com a oferta de bens materiais. A precondição principal é de que toda a imprensa, toda a indústria cultural e de entretenimento, além das figuras mais carismáticas e desejadas do público, ajam de modo unificado e concertado com um único objetivo, sob a batuta do conselheiro de relações públicas.

Edward Bernays vai prefigurar, na sua pessoa individual, todo um ramo da indústria da propaganda e das relações públicas que iria lograr posicionar o capitalismo e sua produção de mercadorias na instância do desejo e das aspirações inconscientes da população, primeiro nos Estados Unidos, e, depois, no mundo. O objetivo aqui é o de transformar mercadorias materiais em desejo, sonho, estilo de vida e esperança. Existe apenas um "caminho da salvação" para o sucesso e para a boa vida – e o capital, o consumo, o luxo e o dinheiro são a única "salvação real". A ideia é fazer com que o sistema se transforme: de mera forma específica de produção material, em uma verdadeira religião civil, colonizando no nascedouro todos os sonhos e toda a pluralidade da vida em favor da ortodoxia do consumo.

Edward Bernays vai mostrar o caminho como ninguém. Quando a maior empresa americana da época do ramo alimentício, a Beech-Nut, contrata-o para anunciar seu bacon, Bernays não vende apenas a marca. Ele quer aumentar exponencialmente o mercado de bacon em geral. Percebendo o poder e o prestígio da ciência antes de todo mundo, ele recobre o produto a ser vendido com a aura do conhecimento científico. Bernays consegue que mais de 4 mil médicos em todo o país confirmem a necessidade de um café da manhã vigoroso com ovos e bacon para iniciar bem o dia. Esse acontecimento cria, de uma hora para outra, o mais típico café da manhã americano, e aumenta o consumo de bacon não apenas para seu anunciante, mas para todos os produtores.

Entrevistado sobre o sucesso de sua campanha, Bernays responde: "Mesmo que você não goste de bacon, se o seu médico o aconselhar, você irá comer, gostando ou não." A partir daí, a classe médica se torna um suporte essencial de campanhas publicitárias para os mais variados produtos, tenham ou não relação verdadeira com a saúde dos pacientes. Outro grande sucesso de Bernays mostra como o consumo é capaz de colonizar pautas libertárias e políticas. As grandes companhias americanas de cigarro tinham um acesso muito limitado a 50% do seu potencial público consumidor: as mulheres.

O cigarro era visto como um hábito masculino, e as mulheres que fumavam não eram bem-vistas socialmente. No espaço público, vigorava uma proibição prática ao fumo feminino. A Tobacco Company, que produzia os cigarros Lucky Strike, contrata Bernays para resolver o problema. Bernays se informa com seguidores de seu tio, Freud, acerca do significado do cigarro para as mulheres. Eles lhe dizem: "O cigarro é como um pênis, e toda mulher deseja um pênis. Se você puder lhes dar um, mesmo que apenas simbólico, será um grande sucesso."[9] Bernays tem a ideia então de associar o fumo feminino às lutas das mulheres pelo sufrágio universal – em 1919, as mulheres americanas passaram a se empenhar nessa luta. No dia do tradicional desfile de Páscoa de Nova York, em 1929, Bernays decide convidar mulheres importantes e lhes propor que participassem do evento usando os cigarros como meio de propaganda para a causa sufragista, sem revelar que seu verdadeiro objetivo era vender cigarros.

No dia do desfile, as mulheres mais importantes dos Estados Unidos carregam os cigarros acesos que Bernays havia chamado de "tochas da liberdade", associando o uso do cigarro à luta pela liberdade feminina.[10] Para garantir o sucesso da iniciativa, Bernays convida todos os grandes fotógrafos dos maiores jornais mundiais para testemunharem o evento. No dia seguinte, todas as manchetes tratam do assunto – o prestigioso *The New York Times* lhe dedica a primeira página, como se o caso se tratasse de uma questão política real. Em poucas semanas, as salas de cinema de todo o país abrem salas de fumo também para as mulheres, e a campanha se torna um sucesso estrondoso.

---

9 Stuart Ewen *apud* Edward Bernays, *op. cit.*, 2018.
10 *Ibidem*.

A relação com a imprensa se torna vital para a propaganda e para as relações públicas corporativas ou partidárias. Bernays aluga uma suíte num grande hotel de Nova York, onde recebe, praticamente todas as noites, as maiores figuras do empresariado, do *show business* e da imprensa. Mas ele não "compra" a imprensa simplesmente. Ele aprende que é mais eficaz "criar" a notícia, como no caso das "tochas da liberdade": uma única "ação" muda todo um comportamento social antes rígido e tido como tabu. Um dos lemas de Bernays é que as ações são mais importantes do que as palavras.

A atuação de Bernays mostra a todos que a propaganda pode conduzir a opinião pública por meio de símbolos e ideias, do mesmo modo que um comandante militar lidera seus soldados por meio de ordens. Como Walter Lippmann havia imaginado, a propaganda bem construída pode criar "estereótipos de comportamento" que guiam, de forma inconsciente e pré-reflexiva – ou seja, sem defesa consciente possível –, o comportamento do grande público. Pode-se tanto dizer o que se deve comer de manhã quanto possibilitar que as aspirações políticas podem ser representadas e rebaixadas a hábitos de consumo. Aqui, se prenuncia a capacidade antropofágica do capitalismo de engolir e mastigar a crítica – originalmente direcionada contra ele mesmo –, e digeri-la para depois cuspi-la sob a forma de novos hábitos de consumo.

O capitalismo, muito especialmente o capitalismo americano, aprende que a ciência, as ideias, a arte e a imaginação – as matérias-primas da esfera simbólica – podem ser os aspectos principais para sua perpetuação e sua capacidade de "convencimento" do público, até e principalmente dos que são economicamente explorados por essa mesma ordem. Desde que atuando em conjunto e de modo coordenado, a esfera simbólica das sociedades modernas pode se tornar, ao mesmo tempo, uma fábrica de novos negócios e uma fábrica de consentimento. Para esse fim, as etapas na cadeia produtiva de bens simbólicos devem atuar em uníssono: 1) acima de tudo, pelo seu prestígio herdado das antigas religiões, de decidir o que é verdade ou mentira e de separar o justo do injusto, temos a "ciência" formando todas as elites mundiais de acordo com um paradigma veladamente racista – como veremos em detalhe – e planetário; 2) logo abaixo, a indústria cultural e de entretenimento, Hollywood e congêneres, criando os "estereótipos" do que devemos amar ou odiar, forjados para serem assimilados de forma emocional, subliminar e acrítica; e, *last but not least*, 3) a esfera da propaganda e da imprensa comercial colonizando os sonhos e ansiedades do público, de modo a transformá-los em consumidores dóceis e manipulados.

A ideia-força, que serve como fundamento implícito de toda essa estrutura simbólica, era a velha ideia de Walter Lippmann de que as massas são inaptas a pensar por si mesmas. Essa era uma ideia que ele professava com certa melancolia e dor, como quem lamentasse que assim fosse. Bernays, nesse sentido, não é apenas o pioneiro de uma nova espécie de capitalismo baseado na produção do consentimento por meio da manipulação consciente, mas também um novo tipo humano da "elite funcional" do capital. Ao contrário de Lippmann, ele possui o cinismo típico de quem sabe exatamente o que faz, e tem a vaidade perversa do trabalho de manipulação bem perpetrado. Exatamente como o tipo social que passaremos encontrar, a partir de então, tanto no mundo financeiro quanto no mundo político e no complexo propaganda/imprensa: o "cínico blasé".[11]

Também nesse aspecto Bernays é um pioneiro. Ele antecipa um *habitus* no sentido de Pierre Bourdieu – ou seja, uma forma de ser, sentir e ver o mundo de maneira peculiar e compartilhada –, que se tornaria o modo de ser específico da nova elite funcional do capitalismo em todo o mundo. A "elite do cinismo", que irá comandar a política e os negócios americanos, encontra nesse *habitus* compartilhado o segredo do perfeito entendimento que nem sequer precisa ser mediado por palavras.

Isso fica claro no episódio que nos conta Stuart Ewen, estudioso da obra de Bernays, na ocasião de uma entrevista pessoal com o já quase

---

11 *Ver* Georg Simmel, "O dinheiro na cultura moderna", 2005.

centenário Bernays.[12] A propósito de uma conversa banal sobre quão caro custavam os táxis nos Estados Unidos, Bernays se vangloria do fato de haver explorado, por anos a fio, um chofer a quem ele chamava de Dumb Jack (algo como João Bobo em tradução livre), que começava a trabalhar às cinco da manhã e só parava às nove da noite, com apenas meio dia de folga às quintas-feiras de quinze em quinze dias. Bernays dizia, em tom de piada, que sempre via Dumb Jack tirar uma soneca rápida, na cozinha, sentado na cadeira apoiando a cabeça sobre a mão espalmada na mesa, depois do dia estafante levando o casal Bernays para compromissos de trabalho e as filhas à escola. E isso tudo por apenas 35 dólares por semana, muito mais barato do que se utilizasse táxis para o serviço. Por conta disso, Bernays não havia nem sequer aprendido a dirigir.

Mas, como os fascistas de hoje, Bernays sempre falava de democracia em seus discursos e entrevistas. Dizia, inclusive, que a fala que sempre inspirou seu trabalho era a afirmação de Thomas Jefferson de que, na democracia, tudo dependia do "consentimento do povo". O problema era que Bernays via o "povo" do mesmo jeito que via Dumb Jack: uma gentinha sem noção de coisa alguma, destinada a consumir o mundo de "estereótipos", aparência e dissimulação que gente como Bernays lhe vendia, ou seja, o público do "consentimento fabricado". Bernays jogava com a ambiguidade da palavra "consentimento" quando se referia a Jefferson, já que ele poderia significar tanto o consenso produzido racionalmente, a partir de um esclarecimento público baseado em argumentos, quanto o consenso produzido de modo falacioso e manipulado. O processo para Bernays não era importante. Apenas o resultado, a conformidade e a aceitação do consenso fabricado.

O que está por trás do consenso fabricado é a crença na desigualdade visceral da humanidade, como se fosse inevitável uma hierarquia entre os espertos manipuladores que mandam e os Dumb Jack que obedecem.

---

12 *Ibidem.*

Porém, o próprio pressuposto de Bernays e de Walter Lippmann, da inevitabilidade da tolice das massas, esconde uma falácia. É certo que um povo que não é estimulado a pensar e a refletir com autonomia será presa fácil da manipulação de suas próprias ilusões. Nem todo mundo nasce, como Bernays, num contexto familiar em que se discute ciência psicanalítica de vanguarda na mesa do café da manhã – na qual existe, portanto, desde o berço, estímulo ao pensamento abstrato, à imaginação –, em que se forjam, de "modo natural", mentes especulativas. A naturalização de privilégios sociais desde a infância, que são depois travestidos de "mérito pessoal", é a base desse desprezo aos Dumb Jack.

Em sua longa vida, Bernays ainda teve tempo de prefigurar o *modus operandi* dos golpes de Estado patrocinados pela CIA e pelo governo americano na América Latina (e depois no mundo todo) a partir de então. Em 1951, o presidente democraticamente eleito da Guatemala, Jacobo Arbenz, decide fazer uma reforma agrária – ainda que prevendo o pagamento pelas terras desapropriadas em benefício dos camponeses pobres e sem terras – e esbarra em férrea oposição. A United Fruits, multinacional americana de frutas tropicais, era dona de 75% das terras da Guatemala e contratou Edward Bernays para construir uma campanha publicitária contra o Governo Guatemalteco. Bernays se superou nesse trabalho. Usando uma lista de jornalistas influentes ao redor de todo o país, construída nos quarenta anos anteriores, ele montou um clima de guerra psicológica por meio do que ele chamava de "mídia blitz". A "mídia blitz" – uma citação explícita da "Blitzkrieg" nazista – significava a construção de uma agência de notícias, secretamente financiada pela United Fruits, com notícias para toda a imprensa americana (de todos os lugares) sobre a suposta e falsa ameaça comunista na Guatemala.

A guerra psicológica visava a associar, erroneamente, a reforma agrária de Jacobo ao comunismo, se aproveitando do clima de "caça às bruxas" que havia se instalado no país a partir do fim da Segunda Guerra Mundial. Vários dos jornalistas municiados por Bernays se sentiram, depois, enganados por notícias falsas e manipuladas. Era tarde demais para os guatemaltecos. Como resultado da campanha difamatória, o governo americano decidiu intervir na Guatemala e apoiar um golpe de Estado, com apoio da CIA, contra o governo eleito democraticamente. Como resultado, Castilho Armas, uma marionete americana, assume o poder e joga o antes pacífico país centro-americano numa guerra civil que duraria 40 anos e custaria mais de 100 mil mortos. Depois disso, não houve golpe de Estado na América Latina que não tenha contado com o apoio efetivo ou tácito do governo americano.

III. DA PRODUÇÃO DO CONSENTIMENTO À CONSTRUÇÃO DA EXTREMA DIREITA

A grande mudança social que leva ao esgotamento da estratégia de transformar o cidadão em consumidor acontecerá a partir dos anos 1970. Essa década marcou os anos de ouro da contracultura nos Estados Unidos que, no período, desfrutava da melhor distribuição de renda de sua história. A situação se devia a uma extraordinária conjunção de fatores, como a hegemonia do Partido Democrata, o partido histórico do New Deal, e a uma atividade sindical ainda muito significativa. Isso tudo aliado a uma série de novos movimentos sociais que surgem com grande força, como a defesa do consumidor, a luta das mulheres, a proteção do meio ambiente, a luta pelos direitos civis e a mobilização contra a Guerra do Vietnã.

No entanto, nem todo mundo estava contente com essas transformações, em especial o grande negócio corporativo americano, que se via acuado por legislações crescentemente regulatórias e protetoras em relação tanto ao meio ambiente quanto às condições de trabalho. Por último, mas não menos importante, houve ainda um aumento na carga tributária sobre lucros e herança. É nesse contexto que em 1971, Lewis Powell – advogado da grande empresa de cigarros americana Phillip Morris e que mais tarde se tornaria juiz da Suprema Corte pelas mãos de Richard Nixon – lança um memorando, hoje famoso, dirigido à Câmara de Comércio americana. O documento de poucas páginas causaria furor entre os grandes bilionários conservadores americanos.

É importante, primeiro, reconstruir o contexto do memorando de Powell. Na época em que ele era diretor da Phillip Morris, entre 1964 e 1971, antes de ser nomeado para a Suprema Corte, a relação entre o uso do fumo e o câncer se tornou conhecida. Um amplo debate nacional se seguiu, com posições contra e a favor do uso de cigarros. Powell, obviamente um ferrenho defensor da "causa" de sua companhia, lamentava que os supostos "efeitos positivos" dos cigarros à saúde não tivessem o mesmo espaço na esfera pública que o movimento antitabagista estava começando a conquistar. Quando suas demandas legais não são atendidas nos tribunais, ele passa a alegar a existência de uma ameaça cultural difusa e total contra o capitalismo americano.

Powell conclama todo o mundo empresarial americano a nada mais nada menos que uma "guerra" pela própria sobrevivência. O mais significativo ponto do argumento de Powell é que ele não acusa a esquerda ou grupos radicais, mas aquilo que havia se tornado a "opinião respeitável" americana. Ele afirma que a cultura mainstream e hegemônica americana – aquela que se localiza nos campi universitários, nos púlpitos das igrejas, na mídia dominante, na ciência, na política e nas cortes jurídicas – está impregnada de um veneno progressista que ameaça de morte o capitalismo americano. Como se trata de uma influência difusa e generalizada, ela tem que ser combatida com a tenacidade militar e a inteligência de uma "guerra de guerrilha".

Como costuma acontecer com as ideias que chegam no momento certo para interpretar interesses comuns ainda inarticulados, o memorando de Powell eletrizou toda uma geração de bilionários reacionários – já filhos de pais reacionários – a empreenderem uma guerra, primeiro de guerrilha e depois aberta, contra o país igualitário e combativo de então. Sua mensagem chega aos ouvidos especialmente receptivos dos herdeiros de indústrias sujas e poluentes, como fabricantes de armas, produtos químicos, mineração e petróleo. Esses setores, que terão lucros crescentes a partir de então devido a cortes de impostos e à suspensão das pesadas multas por agressão ao meio ambiente, serão os principais financiadores da "revolução reacionária" que passou a se chamar, como sempre de forma cínica, de "libertarianismo". Esse é o berço e o nascedouro da atual extrema direita americana e mundial. Aqui se encontra a origem de tudo, e, como se sabe desde Tocqueville a Freud, a origem permeia, de modo indelével, o futuro.

Se Powell foi o autor do "manifesto comunista", sendo, portanto, o Karl Marx dos libertários reacionários americanos, ele logo encontrou os seus "Lenins" para implementar sua revolução. Um deles foi Michael Joyce, que havia estudado Antonio Gramsci para aprender estratégias de produção de hegemonia cultural. A Joyce, tido por quem conhece seu trabalho como "uma das pessoas obscuras mais importantes do século",[13] coube desenvolver a estratégia principal da direita reacionária: converter a filantropia em arma ideológica. De algum modo, isso já existia desde John D. Rockefeller, que havia conseguido polir a própria imagem com doações importantes. Mas o que temos agora, com Joyce, é um jogo de outro tipo.

Com o dinheiro da família Olin – fabricante de armas e munições que enriqueceu a partir de encomendas estatais, e que havia sido obrigada a pagar pesadas multas por contaminar com mercúrio o rio Niágara, em Nova York –, Joyce vai construir uma ampla estratégia de luta ideológica disfarçada, depois copiada por outros herdeiros reacionários. Conhecendo o poder das ideias quando elas se revestem de um verniz de "respeitabilidade" e "prestígio", a ideia de Joyce era conquistar terreno nas principais universidades americanas – as universidades da assim chamada Ivy League, que são as de melhor reputação, como Harvard, Yale, Cornell e Columbia. Essa abordagem foi chamada de "estratégia ponta de praia" [*beachhead*], em alusão à tática militar de

---

[13] Jane Mayer, *Dark Money*, 2016.

conquistar um pedaço de terra inicial que possa servir de suporte para uma invasão maciça mais tarde.[14]

Como se imaginava que as universidades fossem a fonte do "conhecimento de esquerda" ou "liberal" – no sentido americano, essa palavra, ao contrário do Brasil, identifica alguém de posição social-democrata e de esquerda –, a ideia era inicialmente cooptar professores já conhecidos como conservadores e reacionários, e municiá-los com muito dinheiro para a propaganda reacionária dentro das próprias universidades. Isso daria a impressão de uma atividade acadêmica "espontânea", não comandada de fora.

Com o tempo, a partir da "ponta de praia" conquistada, ia-se avançando até o controle de departamentos e campos de pesquisa inteiros. Com o apoio das universidades e de seu prestígio, abria-se o caminho para a "criação de think tanks" e "institutos de políticas públicas" que, então, influenciavam diretamente o governo e a opinião pública. Joyce prenuncia, como estamos vendo, toda a estratégia de intervenção cultural da extrema direita de hoje no mundo inteiro.

A estratégia da "ponta de praia" significa que, para que possam ter sucesso na "guerra das ideias", os interesses reacionários não podem se mostrar enquanto tais, ou seja, defensores do atraso e da tirania. De maneira oposta, precisam parecer "ideias neutras", que devem ser assimiladas pelo princípio da pluralidade universitária e do debate público. Alguns exemplos ilustram bem o sucesso e o *modus operandi* dessa estratégia.

Um programa inteiro de estudos jurídicos foi idealizado para desviar o estudo do Direito da sua relação com a justiça social e aproximá-lo, ao contrário, das relações custo/benefício do mercado. Esse modelo foi chamado de Law and Economics [Análise Econômica do Direito – AED], e ainda ganhou credibilidade adicional com a ideia positiva da interdisciplinaridade. Foram investidos, só através da Fundação Olin,

---

14 *Ibidem.*

68 milhões de dólares em universidades como Harvard, Yale, Columbia e Cornell. Só Harvard recebeu 18 milhões. A partir do sucesso da operação em seus campi, outras universidades seguiram o modelo.[15]

Porém, Law and Economics não se tornou apenas um novo campo de estudos, com dinheiro jorrando sem parar nas universidades mais tradicionais dos Estados Unidos. Ele passou também a ser debatido pelos juízes americanos em seminários de vários dias ou semanas, seguidos por grandes jantares, normalmente em praias aprazíveis como Key Largo, na Flórida. Com o tempo, os debates sobre Law and Economics se tornaram férias não pagas de, pelo menos, 660 juízes americanos – ou o equivalente a 40% do poder judiciário daquele país. A forma de enxergar a prática da justiça e do Direito começava a ser atualizada a partir de dentro, isto é, de acordo com o interesse das corporações e custeada por elas. Mas dando a todos a impressão, no entanto, de que se estava lidando com uma "reflexão espontânea da academia". Juízes que se tornariam ministros da Suprema Corte, como Ruth Bader e Clarence Thomas, eram figurinhas carimbadas desses encontros.[16]

Os exemplos de casos de sucesso de mudança de paradigma, primeiro na ciência e depois na esfera das políticas públicas, são inúmeros. Utilizando-se do mesmo procedimento e das mesmas fontes de financiamento, o livro *Losing Ground: American Social Policy, 1950–1980*[17] [Perdendo terreno: a política social americana, 1950–1980], de Charles Murray, considerado um dos livros mais influentes do século XX, reportava, como se fosse um lamento sincero, o fracasso da política social americana entre 1950 e 1980. Murray lamentava que os esforços do Estado de bem-estar americano houvessem criado tão somente uma "cultura da dependência do pobre" dos favores estatais – o mesmo tipo de argumento que seria usado no Brasil anos depois, combatendo o

---

15 *Ibidem.*
16 *Ibidem.*
17 Charles Murray, *Losing Ground*, 1984.

Bolsa Família. Reagan não chegou a se comover com a leitura. Clinton, ao contrário, considerou o livro "essencialmente correto", assim como vários políticos da esquerda brasileira consideraram à época, "essencialmente correto" o trabalho sujo do juiz Moro.

Samuel Huntington, um dos mais conhecidos cientistas políticos americanos do século XX, também foi beneficiado pelo mesmo dinheiro. Ele recebeu 8,4 milhões de dólares apenas da Fundação Olin, a cargo de Joyce, para defender uma versão especialmente militarizada e agressiva da política externa americana. O seu best-seller *O choque de civilizações*, já citado, é um exemplo desse ponto de vista, influenciando globalmente o debate das relações internacionais. Entre os 88 pupilos que trabalhavam com ele no programa financiado pela Fundação Olin, cerca de 56 passaram a ensinar, em seguida, em importantes universidades e grandes centros de pesquisa.[18]

Mas, provavelmente, entre os que atenderam ao chamado de Lewis Powell, ninguém foi mais longe que os irmãos Koch. Também filhos de um pai conservador – que apoiou os esforços de Hitler, por quem nutria admiração, na construção de sua infraestrutura petrolífera –, os Koch herdaram um complexo petrolífero e químico que se tornou rapidamente o maior poluidor individual dos Estados Unidos. Nenhuma empresa produzia tanto lixo tóxico quanto suas companhias. Pesadas multas foram o preço inicial de seus desmandos. Os Koch também foram pegos roubando petróleo de terras indígenas. Eles viam leis e regulamentos unicamente como empecilhos à "livre iniciativa", e decidiram investir pesado para defender essa visão.

Charles Koch era engenheiro de formação, e imaginou uma "linha de produção" para propagar as ideias "libertárias" de Hayek, as quais respeitava desde jovem, e outras ideologias em seu benefício. Primeiro, era necessário ter a "matéria-prima": as ideias dos intelectuais que se mostrassem úteis. Em segundo lugar, vinham os investimentos em

---

18 *Ibid*em.

think tanks, que transformavam essas ideias em políticas públicas concretas e em projetos de leis. Em terceiro lugar, finalmente, vinham os "movimentos sociais" e associações de cidadãos, na verdade pagos por ele, para pressionar a mudança de leis e a condução da política. Foi criada toda uma linha de montagem supostamente "libertária", mas, na realidade, a mais reacionária de todas. Para os Koch, o planejamento era fundamental. E a linguagem a ser usada era a dos "direitos", dos direitos corporativos, evidentemente. Primeiro, vinha, portanto, a ideologia, e só depois as eleições e a compra direta da política.

A negação do aquecimento global será uma de suas bandeiras principais, tema essencial para o grupo Koch Industries, que se tornaria o segundo maior produtor americano de carvão, petróleo, Lycra, carpetes e produtos químicos. Think tanks e associações de cidadãos financiadas por esse conglomerado ganham nomes de fachada que lembram a tradição comunitária americana, a mesma tradição de todos os institutos e organizações reacionários que possuem nomes como Americans for Prosperity [Americanos pela Prosperidade – AFP] ou Citizens United [Cidadãos Unidos], a real inspiração para falsos movimentos populares como o MBL no Brasil – aliás, também diretamente financiado pelos Koch – anos mais tarde.

Os pontos de vista que não podiam ser transmitidos democraticamente precisavam ser embalados no seu contrário para que se pudesse promover uma "mudança de visão". Os Koch passaram a financiar regiamente qualquer esforço com possibilidade de sucesso em desmantelar a legislação protetora do meio ambiente nos Estados Unidos. Combinado a esses esforços, seguia o financiamento de grupos de pressão de "cidadãos" e do mais bem aparelhado escritório de *lobby* de Washington. Por fim, eles passaram a ser um dos maiores doadores para as campanhas republicanas no país, tendo logrado mudar as bandeiras partidárias clássicas de acordo com seu interesse. Mais de uma centena de deputados que deviam sua eleição ao apoio maciço dos Koch se comprometeram com ele a lutar contra as políticas de proteção ao meio ambiente. Uma bancada como a que tinha Eduardo Cunha, na época das pautas bombas contra Dilma Rousseff.

O sucesso dos Koch em acabar com a regulação do meio ambiente e com impostos sobre a indústria petrolífera foi tal que seu conglomerado é tido como o mais lucrativo da economia americana. Somada, a fortuna dos irmãos ultrapassa os 100 bilhões de dólares – e a curva é ascendente. Os Koch são o melhor exemplo de como bilionários inescrupulosos podem comprar a política e impor a defesa de seus interesses privados. Em um raciocínio cínico, não existe melhor negócio do que "comprar a política", e os lucros estratosféricos dos Koch são a melhor prova disso. Talvez ninguém tenha feito tanto para mudar o Partido Republicano por dentro – trocando a agenda conservadora clássica pelo "libertarianismo reacionário" – quanto os irmãos Koch. Os Koch chegam à disputa de 2016 pela Presidência americana com o dobro do dinheiro que haviam investido na eleição de 2012. A soma chegava a mais de 800 milhões de dólares do bolso deles e de mais de 500 investidores que agora apostavam também nas delícias do "libertarianismo".

Quando chega a eleição de 2016, todos os candidatos republicanos à Presidência, com exceção de Trump, estavam no bolso dos Koch. Segundo Steve Bannon – chefe e principal articulador da campanha de Trump, e depois um de seus auxiliares mais próximos, até perder visibilidade –, ninguém teria sido mais importante para o sucesso da "revolução trumpiana" do que Robert Mercer, inclusive, mais do que os Koch. Veremos mais tarde que, ainda assim, os Koch parecem ter ficado com as melhores cartas no governo de Trump. De fato, depois do envolvimento de Paul Manafort, seu chefe de campanha anterior, com os oligarcas russos e ucranianos que estariam supostamente alimentando a campanha com dinheiro, Trump foi obrigado a demiti-lo sem ter um plano B.

Foi aí que Rebekah Mercer – filha do COCEO de um grande *hedge fund* [fundo de cobertura] e multimilionário Robert Mercer – entrou em cena. Ela contactou Trump e disse que queria apoiar sua campanha. Ela e o pai podiam, inclusive, montar toda uma nova equipe de campanha encabeçada por Steve Bannon. A partir daí, a equipe dos Mercer irá comandar a campanha de Trump. Esse ponto é fundamental, posto que aqui temos a semente, também, da campanha brasileira de Bolsonaro. Com Bannon, os Mercer geriam a máquina política mais à extrema direita de todo o espectro da direita conservadora e reacionária americana. Eles haviam se encantado anos antes com um amigo de Bannon: Andrew Breitbart, um ultraconservador que tinha a intenção de atacar o solo da mídia tradicional – baseada em reportagens fáticas e comprovadas – e de fundar uma fonte alternativa de informação à extrema direita, baseada no uso volitivo e consciente de fake news e desinformação como forma de difundir sua visão de sociedade. O modelo típico de gente como Allan dos Santos, mais tarde.

Os Mercer injetaram dinheiro no site Breitbart News, mas Andrew morreu logo depois. Foi aí que Steve Bannon, antes um operador de *hedge funds*, assumiu o controle da empreitada e tornou o Breitbart News um mecanismo difusor de racismo e nacionalismo econômico, transformando e radicalizando o cenário da direita americana tradicional e da sua versão libertária mais extremista. É com Steve Bannon que os Mercer encontraram formas de influenciar decisiva e concretamente a política americana. A aliança aqui é entre o dinheiro de Robert Mercer – cerca de 1 bilhão de dólares de patrimônio e lucro líquido de 150 milhões de dólares anuais – e as ideias de Steve Bannon. Eles não apenas odiavam o Estado e sua tarefa de proteger a sociedade, sobretudo quando interferiam nos lucros das suas empresas, como no caso dos irmãos Koch. Os Mercer e Bannon odiavam também os pobres e os que viviam da ajuda do Estado, além de serem abertamente racistas. O site Breitbart News tinha um quadro permanente chamado "Black Crime" [Crime negro], destinado a angariar o apoio das hostes racistas e supremacistas americanas.

Os Mercer aparelharam os mecanismos de intervenção política a partir do comando de Steve Bannon. É com ele que as visões radicais dos Mercer passam a ganhar efetividade. Sob a direção de Bannon, os Mercer haviam criado também o Government Accountability Institute [Instituto de Prestação de Contas do Governo], seguindo esse esquema clássico de forjar nomes que evocam as virtudes morais que, no entanto, são exatamente as que se quer destruir. Esse instituto basicamente serviu para reunir todas as alegações contra os Clinton e depois expô-las sob a forma de livro, artigos de jornal e até filmes lançados em Cannes. Foi um extraordinário sucesso no jogo sujo de Bannon, que comprometeu a eleição de Hillary e permitiu pintá-la como a *crooked Hillary* [Hillary corrupta]. O outro mecanismo institucional à disposição de Bannon foi a famigerada Cambridge Analytica, acusada de, em trabalho conjunto com o Facebook, ter acessado, para fins eleitorais, os dados pessoais de 87 milhões de pessoas – sem o seu consentimento – para mobilizá-las com mentiras e desinformação em favor do Brexit.

Coube a Bannon, portanto, radicalizar o discurso de ódio ao Estado interventor com o componente racista para criar uma outra forma de populismo. Para esse fim, ele se utilizou do potencial mobilizador do discurso racista, mascarando-o como defesa nacional e luta contra as elites. O ponto distintivo da influência de Steve Bannon foi articular todo o pacote de ideias conservadoras, que vinham ganhando ímpeto desde os anos 1970, sob a forma de um verdadeiro "populismo de direita" – uma suposta revolta popular contra a corrupção das elites do "neoliberalismo progressista" e do caos que ele provoca. Bannon quer ganhar o coração do povo americano! Daí que vem sua ligação posterior com o bolsonarismo, e a construção de um populismo de extrema direita também no Brasil.

Para esse propósito, ele conseguiu articular dois elementos, aparentemente sem relação necessária: a insatisfação popular, causada por décadas de empobrecimento de dois terços da população americana – cuja renda passa a ser drenada por mecanismos financeiros opacos para a elite –, e o profundo, secular e apenas superficialmente reprimido racismo de grandes parcelas do povo americano. O trabalho anterior de "guerra de ideias" e de destruição da maior pluralidade da mídia, acoplado à destruição de sindicatos e associações populares, havia deixado a maioria da população órfã de uma explicação acerca das causas de sua pobreza e de seu desespero crescentes.

Essa revolução reacionária a partir de cima se aproveitou do grande boom de privatização das televisões públicas e engajadas em jornalismo investigativo que se instaura a partir dos anos 1990. Rupert Murdoch é o melhor símbolo dessa estratégia de dominar a mídia mundial em um nível que apenas as ideias que interessam às elites dominem, a partir de agora, a assim chamada grande imprensa. No Brasil, a Rede Globo – e seu braço jornalístico GloboNews – evidencia o funcionamento dessa estratégia. Ainda que o discurso editorial tenha se distanciado do bolsonarismo e da extrema direita, sua pregação é monotemática e sem contraponto crítico: a exemplo da defesa de uma dívida pública não auditada – fraudulenta, uma vez que, se não o fosse, se auditaria – e da venda de juros estratosféricos como se fosse um escudo do cidadão contra a inflação.

O mesmo movimento ocorreu nos Estados Unidos, em países europeus de modo parcial e, pode-se dizer, no mundo todo. Essa "feudalização da esfera pública", como diria Habermas,[19] foi um pressuposto fundamental para a ascensão da extrema direita. Como toda informação é necessariamente mediatizada, o domínio da mídia e a difusão de informações seletivas são o pressuposto principal para impedir a reflexão e a inteligência da sociedade como um todo. Sem pluralidade de opiniões, os cidadãos podem ser manipulados com facilidade.

Nesse contexto de desinformação e enfraquecimento do espírito crítico, Bannon passou a usar as antigas – e apenas reprimidas – clivagens raciais para atacar o próprio discurso multicultural e as defesas das minorias sob a bandeira do "neoliberalismo progressista", insinuando

---

19 Jürgen Habermas, *Der Strukturwandel der Öffentlichkeit*, 1975.

que essas eram as causas da decadência econômica popular. Como o capitalismo financeiro e improdutivo vive dos monopólios estatais para fabricar dívida pública e mecanismos financeiros fraudulentos – o que implica empobrecimento geral da população trabalhadora e crise fiscal no Estado –, a legitimação política desse arranjo se divide em duas opções: neoliberalismo identitário,[20] defendido primeiro pelo Partido Democrata americano e depois ganhando o mundo; e a extrema direita dominando o Partido Republicano e, depois, também ganhando o mundo. A tese deste livro – de que tudo começa nos Estados Unidos – se comprova mais uma vez.

Ao identificar a imprensa tradicional como veículo dessas elites, o capitalismo financeiro pavimenta também o caminho para o desaparecimento da própria separação entre verdade e mentira no espaço público, preparando o terreno para a difusão massiva de fake news a um público que não sabe mais o que é factual ou não. Verdadeira será a "notícia" que alcançar o maior número de compartilhamentos no WhatsApp e curtidas no Facebook, permitindo que as questões centrais do debate público sejam resolvidas por quem tem mais dinheiro para disseminar seu discurso.

Transformar os republicanos – conhecidos anteriormente pela defesa tenaz do livre comércio – em nacionalistas econômicos foi outra parte fundamental da estratégia populista. Podia-se manipular à vontade os bodes expiatórios, por definição intercambiáveis – negros, muçulmanos ou mexicanos –, permitindo a rearticulação e a revivescência das clivagens racistas como um todo e, ao mesmo tempo, usá-las para explicar a pobreza crescente, atribuindo-a a causas externas. Na dimensão pragmática, o governo Trump pôde se utilizar de uma política externa agressiva, em benefício dos conglomerados industriais da base do apoio republicano, como se isso fosse uma prestação de contas ao "povo americano" – para "tornar a América grande de novo".

---

20 Nancy Fraser, *The Old Is Dying and the New Cannot Be Born*, 2019.

Nesse sentido, a influência dos Koch e de seus amigos no governo Trump parece muito maior do que a dos Mercer, que o ajudaram a vencer. Trump nutre óbvia antipatia pessoal por Robert Mercer, a quem considera um tipo "maluco", conhecido por mal falar uma palavra durante todo um jantar ou uma reunião, e gostar mais de gatos do que de gente. Apesar de os Koch terem divergências em relação a Trump, como na questão do fechamento de fronteiras – uma vez que que eles gostam da mão de obra barata que a imigração possibilita –, boa parte das políticas interna e externa de Trump parece feita com precisão de alfaiate para atender aos interesses de Koch e de seus amigos.

A versão de extrema direita de Bannon e Trump significa, portanto, a revivescência do racismo arcaico, possibilitando seu uso como arma política e combustível de arregimentação popular. A "maioria silenciosa", oprimida sem ter consciência das causas de sua opressão, pode ser manipulada a partir de cima, como marionetes. Foi essa coincidência de fatores que fez a campanha de Bolsonaro, articulada por esse mesmo pessoal, tão eficaz. Na sua feição clássica, o debate público das questões políticas envolve o embate de posições conflitantes que se assumem como perspectivas distintas acerca de um contexto valorativo e simbólico compartilhado. A mentira deliberada corrói por dentro os pressupostos do debate público racional.

Todavia, é bom lembrar que a mentira é uma arma de guerra utilizada não só contra o inimigo de ocasião, mas com o fim de adoecer a sociedade como um todo, levando-a a um estado de guerra latente e a quebrar todos os acordos morais implícitos sobre os quais se apoia a vida social. A disputa política passa a ser pensada como um jogo de tudo ou nada, no qual só o que interessa é vencer a qualquer custo. Essa terra de ninguém reinstitui a barbárie como modelo, bem ao modo da inspiração nazista e fascista de toda extrema direita moderna. Ao fim e ao cabo, Hitler continua bem vivo. O interesse da extrema direita é destruir todos os consensos civilizatórios que demoraram milênios para serem construídos – como a defesa da preservação da vida, a separação entre verdade e mentira, a distinção entre o justo e o injusto, a defesa dos vulneráveis, a noção de direitos individuais, a possibilidade de se escolher a vida que se quer levar etc. A confusão total da sociedade é benéfica para o lucro desmedido e sem controle, uma vez que impede qualquer defesa articulada.

A condução abusiva das redes sociais contra os próprios usuários indefesos nos permite compreender como as "crenças privadas" da população, a partir de suas trocas com amigos e familiares, poderiam ser usadas para manipular e influenciar seu comportamento político, fabricando um conteúdo ajustado com precisão aos seus medos e ódios. Tanto na campanha de Trump quanto no Brexit e na campanha de Bolsonaro, a intenção era manipular o ódio e o ressentimento dos perdedores do neoliberalismo, mascarando suas causas objetivas e se atendo à satisfação primária das ansiedades e dos medos que o empobrecimento e o desemprego geravam. Trump utilizava um expediente que seria depois adotado por Bolsonaro em muitas ocasiões: o ataque ao opositor assumia a forma de um ataque abstrato e genérico à "elite" no poder, como se o próprio Trump não fizesse parte dela.

Sua trajetória fora da política foi um trunfo nesse sentido. Ele, um empresário de sucesso, teria entrado na política apenas para "limpá-la" da corrupção sistêmica. Como não lembrar da bravata bolsonarista do dia 26 de maio de 2019, em que ele pediu "ajuda" ao seu público e às milícias para sair às ruas para "lutar contra o sistema"? Bolsonaro, apesar de ser político do baixo clero há mais de 20 anos, usou sua própria obscuridade para posar como "alguém fora do sistema". Vemos aqui o clássico viés antielitista dos movimentos dos trabalhadores, utilizado agora contra os próprios trabalhadores para lhes dar a impressão de que encontraram um líder e um defensor poderoso de suas causas.

Obviamente, ninguém define quem é parte desse "sistema" nem quem faz parte dessa "elite sistêmica", que passa a ser associada apenas ao opositor político de ocasião – como o ministro Alexandre de Moraes ou qualquer outro. Em seguida, passa a ser decisivo o uso das bandeiras "progressistas" no campo do reconhecimento das minorias sociais, típico do neoliberalismo progressista, contra ele mesmo. Tudo como se tivessem sido essas políticas compensatórias a causa última e indiscutível da pobreza e do desemprego crescentes. Sendo que, como hoje sabemos, o neoliberalismo identitário é apenas uma outra farsa que se utiliza da linguagem emancipatória – tradição do antigo Partido Democrata do New Deal – para defender a *ascensão individual* dos indivíduos mais "capazes" das minorias, ou seja, o 1% dos oprimidos do qual fala Nancy Fraser,[21] justificando e legitimando a meritocracia e, portanto, o sistema espoliador financeiro como um todo. Sem nunca nomear a verdadeira razão do empobrecimento geral e do ressentimento que ele provoca, todos os preconceitos adormecidos são utilizados para disseminar uma guerra de todos contra todos. Com base nisso, algumas tosses eventuais de Hillary Clinton em público foram transformadas na prova de sua saúde precária e de sua "fragilidade" feminina, despertando o sexismo e a misoginia que haviam sido cuidadosamente abafados em amplos setores sociais.

O racismo de triste memória nos Estados Unidos também foi reacendido por Trump, por exemplo, ao acusar Obama de não ter nascido no país – algo jamais trazido à baila com nenhum dos outros presidentes brancos no poder. Obama foi obrigado à humilhação pública de apresentar sua certidão de nascimento. Também, por conta do nome, foi acusado de ser muçulmano. O ódio racial contra o negro, o mexicano, o muçulmano passa a ser a causa visível do infortúnio do trabalhador branco americano empobrecido e desempregado. A estratégia agora é preservar, no campo da distribuição, a expropriação neoliberal, mas dessa vez culpando o próprio "progressismo" pela inclusão – mesmo que seletiva e superficial, das minorias e do multiculturalismo –, como se ela fosse a responsável pela pobreza e desemprego.

---

21 *Ibidem.*

O racismo, que canaliza um ódio sem direção a pessoas e grupos já estigmatizados, permite a constelação sadomasoquista de todo regime autoritário. De um lado, a idealização e a identificação com o opressor fazem com que as pessoas que, na realidade, se sentem desprotegidas e fracas, se vejam como fortes e temíveis. Por outro lado, a possibilidade de atacar os mais frágeis sem medo de retorno lhes permite "compensar" a sensação real de impotência em relação ao mundo. Daí o uso e a revivescência da tradição racista secular que havia sido reprimida e mascarada. O estigma tem que ser aceito e compartilhado socialmente para gerar seus subprodutos políticos.

Como no caso da eleição brasileira mais tarde, as questões públicas que concernem a todos foram cuidadosamente substituídas por agressões pessoais que pudessem se transformar num canal de expressão e dar vazão a ódios e ressentimentos privados. A busca por bodes expiatórios, substituindo a discussão racional das questões públicas, é um dos componentes que mais aproximam a nova política de mentira institucionalizada dos casos clássicos de fascismo. O meio de acesso à psique individual mudou. Ele agora se localiza na internet, e cria bolhas anônimas que passam a definir a política sem qualquer controle.

Ninguém controla o mau uso da internet para fins de manipulação política. São empresas privadas "americanas" – não nos esqueçamos nunca – de um novo tipo, que se associam com o fito de lucro para enganar e manipular seus usuários. Alguns conteúdos são mostrados, enquanto outros são escondidos do leitor com o uso de algoritmos contra os quais não existe qualquer controle eficiente.[22] As redes sociais representam um perigo imediato à democracia: são todas empresas privadas que se associam ao governo americano e às universidades americanas

---

22 Eu mesmo, como autor, não pude mostrar a capa da segunda edição de meu livro *A elite do atraso* no Facebook. Ao clicar em "publicar", o conteúdo era imediatamente rejeitado e nunca chegava a ser publicado. O episódio foi fartamente documentado e discutido entre os meus amigos do portal. Esse é, por óbvio, apenas um pequeno exemplo de algo que ocorreu na minha esfera pessoal.

para testar seu uso e sua influência como recurso manipulativo. Como diz Edward Snowden, que sabia do que estava falando – no papel de *insider* –, todas equivalem à CIA com outro nome. Seu uso se impõe a cada um de nós e, ao mesmo tempo, nos tornamos reféns delas. As redes sociais representam o segundo grande ataque orquestrado à esfera pública política desde os anos 1960. O primeiro momento foi o enfraquecimento das organizações dos trabalhadores, capazes de oferecer uma leitura distinta dos acontecimentos sociais, e a privatização planetária da grande imprensa tradicional.

Agora temos a "privatização da política" em dois sentidos: primeiro, o uso dos dados privados dos usuários depende do dinheiro de quem quer comprá-los com fins políticos; em segundo lugar, é a vida privada, profanada e vendida ilegalmente o que permite a manipulação de propaganda política da "guerra privada" entre as pessoas. A vida pública como espaço de interação cede lugar à performance virtual dos fantasmas psíquicos e psicossociais de cada um. Toda a concepção de política que conhecemos se transforma e perde valor. Ao contrário de um espaço de interação, encontro e troca de experiências do mundo vivido nas ruas, nos protestos de rua, temos agora o solipsismo virtual, que não gera aprendizados e nos aprisiona nas bolhas de ódio. As ruas, agora, pertencem à extrema direita.

É como se os dois acontecimentos tivessem sido coordenados. Primeiro, se empobrece a esfera pública como espaço de debate e confronto de opiniões contrárias – à medida que se ataca e se desapossa a maioria da população do acesso ao aprendizado público e a informações isentas. Em seguida, o mundo assim privatizado dos indivíduos é exposto a uma segunda e definitiva desapropriação: ele é reduzido à mercadoria vendável para fins de manipulação. As angústias do indivíduo isolado são direcionadas contra seus melhores interesses. Afinal, é a sua própria compreensão fragmentada do mundo que permite a espoliação permanente de suas carências e necessidades.

2. AS RAÍZES HISTÓRICAS DA EXTREMA DIREITA NO BRASIL

I. A CONSTRUÇÃO DO PACTO ANTIPOPULAR E O FALSO MORALISMO DA CORRUPÇÃO

Vimos acima que a "nova extrema direita" – de extração agora americana e não mais europeia – serviu como uma luva para funcionalizar a raiva da classe trabalhadora contra a pobreza relativa e a decadência social, às quais se tornou submetida pela expropriação neoliberal e financeira. Na verdade, como a expropriação econômica foi acompanhada da privatização da mídia – e, portanto, da esfera pública que deveria servir para garantir a produção de consensos democráticos – para tornar invisíveis as verdadeiras causas do empobrecimento geral, inventou-se uma guerra entre os pobres. Tanto nos Estados Unidos quanto no Brasil, uma guerra do branco pobre (ou do negro que quer "embranquecer") contra os negros, os imigrantes, os marginalizados etc., contra o "sistema" – definidos de modo abstrato, de modo a identificá-los como os próprios inimigos da extrema direita.

A extrema direita cria a falsa impressão de expressar a rebeldia popular. Por conta disso, no Brasil, desde 2013, temos as demonstrações de rua como um espaço da direita e não mais da esquerda como havia sido, quase sempre, o caso. A vitória do capital desregulado se torna completa quando sua visão de mundo passa a expressar a revolta dos oprimidos que desconhecem os motivos reais de sua opressão. Com isso, você cria um eleitorado cativo que, apesar de não conseguir nenhuma mudança real, vive a violência da extrema direita como expressão de suas angústias e ressentimentos diários. Para quem não tem nada, isso é muito. Gera sentimento de pertencimento ligado a algo importante e decisivo, fazendo brilhar uma vida empobrecida e sem perspectivas em todas as dimensões. Mais ainda que os Estados Unidos, o Brasil oferece um terreno fértil para esse tipo de política do ódio. O decisivo aqui é manter a crença na virtude inata dos mais ricos e na meritocracia, e estigmatizar e culpar os marginalizados e excluídos.

É interessante observar que a novidade de Bolsonaro foi abrir uma caixa de Pandora que já existia, em silêncio, entre nós. Daí o sucesso retumbante que o levou à Presidência. Por conta disso, é decisivo compreender os sentimentos e ansiedades que preexistiam a ele e vão continuar a existir mesmo sem ele. Bolsonaro não agiu no vazio. Ele acordou ideias e sentimentos adormecidos que vieram para ficar. Tanto nos Estados Unidos quanto no Brasil, essas ideias e sentimentos seculares são todos derivados do racismo primordial contra os negros escravizados e seus descendentes. Tem gente que se incomoda quando dizemos que todos os nossos males se devem, ao fim e ao cabo, ao racismo. Afinal, pensam muitos, nem tudo é racismo. Essa crença tem a ver com uma percepção superficial do racismo "racial" que não leva em conta suas máscaras culturais inventadas para continuar vivo fingindo que morreu.

Para isso, o caminho brasileiro para a permanência do racismo é ainda mais insidioso que o americano. Como os americanos optaram por um racismo explícito, condenando os negros a guetos, a resistência ao racismo foi construída pela luta diária vivida e experienciada por todos os oprimidos. No Brasil, como já discuti em detalhe em outro livro,[1] foi construído um "racismo cordial", que finge não ser racista. Não é à toa que a construção do racismo cordial tenha se dado exatamente nas décadas de 1930 e 1940, sob o impacto da "revolução cultural" do varguismo. Foi Getúlio Vargas, inspirado especialmente pelas ideias do

---

[1] Jessé Souza, *Como o racismo construiu o Brasil*, 2021.

"bom mestiço", de Gilberto Freyre, quem ousou combater o racismo explícito então dominante tanto na sociedade quanto no mundo intelectual, e construiu uma autoimagem distinta do Brasil celebrando as origens africanas, ao invés de estigmatizá-las.[2] É com Vargas que o Brasil passa a ser pensado como o país do samba e do futebol praticado pelos negros. Esse tipo de afirmação popular é fundamental. A mensagem ao povo pobre e negro é mais ou menos a seguinte: você não é o lixo da história que sempre contaram que você era, ao contrário, você tem virtudes e pode desenvolver todo o seu potencial.

Um país não joga a maioria de seu povo na lata de lixo impunemente. E era assim que negros e mestiços eram tratados de 1532 até 1930. Isso implica em estigmatizar e humilhar a maioria da população como indigna – indigna de voto, de trabalho decente e bem-pago, de moradia e, enfim, de respeito social. Quando se humilha e se estigmatiza parte tão grande da população, se normaliza também a perseguição policial e social contra todos os oprimidos, negros e mestiços. Apesar do racismo ter continuado depois de Vargas – afinal, a superação de todo racismo teria exigido gerações comprometidas com essa luta – ele vai demandar um contorcionismo de quem quiser – consciente ou inconscientemente – expressar sentimentos racistas a partir dessa época. Daí que seja tão importante compreender o racismo como um dispositivo de poder que pode, inclusive, dispensar o uso da palavra raça e de qualquer referência racista explícita. Há que se compreender, também, o racismo "racial" como um fenômeno multidimensional que pode, por exemplo, se mascarar de racismo "cultural" – dando a impressão de leitura coerente da realidade e de ter abandonado qualquer preconceito de origem racial.

Ninguém conseguiu isso com mais sucesso do que Sérgio Buarque, em 1936, no seu clássico *Raízes do Brasil*.[3] O livro foi pensado como

---

[2] Para as relações entre o varguismo e as ideias de Freyre, ver Jessé Souza, *Brasil dos humilhados*, 2022c.
[3] Sérgio Buarque de Holanda, *Raízes do Brasil*, 2001.

um manifesto liberal contra o varguismo então no poder. É isso, antes de tudo, que o faz ser o mais importante manifesto elitista do Brasil moderno. Mas o golpe de mestre de Buarque foi ter feito isso dando a impressão de estar propondo uma crítica social, ou seja, de estar identificando o real causador das mazelas brasileiras. Por conta disso, utiliza-se de uma interpretação mambembe e sem contextualização histórica de Max Weber e de seu conceito de patrimonialismo[4] para criminalizar o Estado – onde Vargas estava – e a política, tornando invisível a expropriação dos poderosos e dos proprietários a partir do mercado. A partir daí, corruptos passam a ser os ocupantes do Estado, e nunca os donos do mercado.

Como a imprensa pertence a essa mesma elite, então se constrói a pedra de toque da cultura de golpes de Estado brasileira. É sempre preciso ter a construção de uma ideia antes da ação. Essa foi a verdadeira contribuição de Buarque. Assim, toda vez que um líder popular determinado a distribuir renda, como Vargas e Lula, assume o poder, a elite e sua imprensa já possuem na manga a carta decisiva e mortal: a acusação pronta de corrupção – que não precisa ser verdadeira, desde que se force o povo a acreditar nela – que é, de fato, a criminalização e a estigmatização do voto popular e de toda participação política do povo. Isso tudo foi vendido e comprado por quase toda a elite intelectual brasileira como "crítica social".[5] Pior: ainda é.

Mas Buarque não parou na criminalização do Estado e da política. Ele também transformou o racismo "racial" brasileiro, que agora não poderia mais ser explicitado, em racismo "cultural" ao perceber o povo brasileiro, mais uma vez – como nos tempos do racismo explícito, antes de 1930 – no papel de "lata de lixo" do mundo: corrupto, inconfiável e, finalmente, mas não menos importante, eleitor de corruptos. O "homem cordial", definido como o produto mais acabado da tradição cultural

---

[4] Jessé Souza, *op. cit.*, 2022c.
[5] *Ibidem*.

brasileira, seria personalista e, portanto, corrupto, por não separar o público do privado. Tudo como se a privatização do que é público não fosse o *modus operandi* e o verdadeiro núcleo do capitalismo desde seus inícios, em todo lugar deste planeta. Essas bobagens da "confusão do público com o privado", como se fosse uma jabuticaba brasileira, são repetidas até hoje por praticamente todo intelectual brasileiro como se fosse a descoberta do Santo Graal.

O pior é que o homem cordial nem sequer se refere ao povo como um todo. Não nos esqueçamos de que a elite paulista estava empenhada em criar uma linhagem virtuosa, desde o final do século XIX, que legitimasse seu domínio sobre a nação. Conforme maior detalhamento adiante, esse mito foi criado a partir da figura do bandeirante, estilizado como um "equivalente funcional" do protestante ascético, o protótipo do pioneiro americano. Dos bandeirantes, viria o espírito desbravador e empreendedor que caracterizaria os paulistas. De certo modo, a elite de São Paulo se via, portanto, como uma reedição nos trópicos das virtudes que haviam construído a autorrepresentação dos formadores dos Estados Unidos. Voltaremos a este ponto fundamental mais abaixo.

Não podemos nos esquecer também de que os anos 1930 fecham o ciclo de chegada dos milhões dos brancos do sul da Europa que passaram a povoar a região Sul e São Paulo entre 1870 e 1930. São cerca de 5 milhões de europeus de todas as origens que começam a desembarcar em um país que, em 1872, tinha menos de 10 milhões de pessoas.[6] Como não podia deixar de ser, a imigração maciça de brancos europeus para um país de maioria mestiça e negra vai ter consequências decisivas não só demográficas, mas também nas dimensões econômica, política, social e cultural.

Por sua origem europeia recente, a maioria desse pessoal nunca se considerou parte do "povinho" mestiço e negro do país – até hoje, não

---

[6] O Censo de 1872 encontrou no país quase 10 milhões de "almas" (mais precisamente, 9.930.478 habitantes).

se consideram. Se a elite se via como "americana" (pela transfiguração do bandeirante na espécie de "equivalente funcional" do pioneiro ascético), os brancos europeus – que vão se tornar a maioria da classe média brasileira – se viam, pela origem recente, como "europeus" nos trópicos. Desse modo, o cordial, personalista e corrupto – como Buarque havia definido o brasileiro em geral – passa a ser apenas o povo pobre, mestiço e negro.

Se antes o ataque era ao "estoque racial" considerado inferior, agora o mesmo ataque contra o mesmo tipo de gente se traveste de "estoque cultural", recobrindo o racismo "racial" com as cores mais aceitáveis do racismo "cultural" supostamente científico. Buarque, nesse sentido, e certamente sem nenhuma intenção, repagina e mascara – moralizando e mascarando o racismo como luta contra a corrupção – com sucesso o racismo brasileiro. Se a elite se imagina americana, e os brancos e a classe média são europeus, então a "lata de lixo" da brasilidade – percebida como inconfiável e corrupta – vai ser apenas o povo mestiço, negro e pobre.

É esse contexto que construiu a "aliança antipopular" da elite de proprietários e da classe média como seu representante incumbido da administração do mercado, do Estado e da esfera pública em nome dos interesses da elite. Nesse acordo de classes, o dinheiro fácil fica com a elite improdutiva, e o capital cultural passa a ser monopolizado pela classe média branca de origem europeia. A condenação moral de povo corrupto e inconfiável – a perfeita continuação do antigo racismo de raça aberto e explícito que vigorou até 1930 – passa a se dirigir contra as mesmas pessoas que, antes, eram estigmatizadas pelo "estoque racial" supostamente inferior. Isso mostra sua real "função latente" de reproduzir o racismo, agora por conta de um suposto "estoque cultural" dirigido, no entanto, às mesmas classes de pessoas: mestiços, negros e, agora, também uma porção significativa de brancos pobres. A perfeita substituição, portanto, do racismo "racial" pelo racismo "cultural".

A substituição do racismo "racial" pelo racismo "cultural" vai estigmatizar o voto e a participação popular dos 80% da população que não são nem elite, nem classe média branca. Por essas pessoas e seus representantes serem percebidos como "inconfiáveis", permitiu-se forjar uma tradição de golpes de Estado para desbancar o representante popular toda vez que o sufrágio universal, eventualmente, elegesse um líder identificado com as causas populares. Por outro lado, a desvalorização moral das classes populares serve também para "enobrecer" o próprio ódio devotado a elas pelas classes do privilégio.

Desse modo, a justificação da dominação passa a ser compartilhada por todos – tanto pelos algozes quanto pelas vítimas. O tema falso moralista da corrupção vai permitir que, agora, o branquinho da elite ou da classe média possa esconder seu racismo real sob a conveniente máscara de representante da moralidade pública. A nova "identidade nacional" do brasileiro "vira-lata" e corrupto – criada por Buarque e até hoje hegemônica, e que veio substituir a identidade nacional positiva de Freire encampada por Vargas – permitiu criminalizar a participação popular na política, tornando a posse do Estado um privilégio das elites mesmo em um contexto de sufrágio universal. Basta que a imprensa privada da mesma elite escandalize casos inexistentes de corrupção de representantes populares. Mas não apenas isso. Ela permite legitimar a opressão do povo justificando-a como dever e necessidade moral.

Uma leitura atenta pode chegar à pergunta: por que a elite – que capilarizou a tese do povo corrupto convencendo toda a população por meio de sua imprensa privada e da indústria cultural sob seu controle – tem tanto interesse em desprezar e estigmatizar o próprio povo? Ora, do mesmo modo como acontecia na República Velha, a intenção é amordaçar e enfraquecer o inimigo mortal de toda elite do saque: a soberania popular consumada no voto universal. Os líderes populares de nossa história – Vargas, Jango, Lula e Dilma – tentaram usar o orçamento público em benefício da maioria da população. É isso que a elite não quer. O Estado, suas riquezas, suas empresas e o orçamento público devem ser exclusivamente para a elite do saque. Daí a necessidade de humilhar e desprezar o próprio povo. Daí a construção de uma cultura de golpes de Estado.

Na República Velha, o voto censitário permitia que, no máximo, apenas 5% da população participasse da vida política. Mesmo assim, essa vontade de uma ínfima minoria era fraudada "a bico de pena" pelos poderosos locais em todo o país. Como o sufrágio universal e o combate ao racismo que havia levado ao holocausto vêm ambos como ideias irresistíveis depois da Segunda Guerra Mundial, a transformação do racismo "racial" em racismo "cultural" permite que a elite mantenha o acesso exclusivo ao Estado – fonte de todos os privilégios e "mamatas" – como se isso fosse decorrente, agora, de um imperativo ético positivo contra o qual ninguém pode ser contra: o combate à corrupção *sempre* dos líderes populares. É assim que a elite e a classe média branca lograram legitimar a quase centenária tradição de golpes de Estado da sociedade brasileira.

II. A GUERRA MORAL ENTRE AS CLASSES

A luta de classes existe, sim, mas ela não é econômica nem comandada pela economia, como acreditam tanto liberais quanto muitos marxistas. É sempre repetida em todos os jornais a suposta frase do assessor de Clinton, que teria dito: "É a economia, tolinho", como se a opinião política das pessoas fosse um cálculo econômico de perda e ganhos. Na verdade, tolinho é quem pensa que algum dia foi apenas a "economia em si" a causa de qualquer mudança de comportamento social. E esse dado fundamental é relativamente fácil de se explicar.

Afinal, a "economia", como já discutido no prefácio deste livro, enquanto esfera da vida social encarregada da produção e distribuição de bens materiais e simbólicos, é sempre, na verdade, expressão de um contexto moral que lhe é anterior e lhe determina. Pensemos juntos:

a ideia na qual o capitalismo nos quis fazer crer é a de que existe uma esfera social independente de avaliações morais, que deve ser "neutra" em relação a valores. É por conta disso que a economia moderna se formalizou em equações e números, para fingir que é uma esfera que deve ser julgada por critérios de eficiência instrumental, como se fosse infensa a valores e avaliações vinculadas a noções elementares de justiça que todos nós – de forma consciente ou não – compartilhamos.

No entanto, a economia sempre foi política, ou seja, sempre foi perpassada por escolhas morais em última instância. Basta refletir um pouco: qualquer padrão social e econômico de produção e distribuição de bens materiais e simbólicos envolve obrigatoriamente – de forma explícita ou implícita – uma ideia acerca de quem será privilegiado e de quem será oprimido e explorado. Quem deverá ter acesso aos bens pelos quais todos nós competimos para possuir? Essa questão, que no fundo é o núcleo de qualquer forma econômica, é uma questão moral e não econômica. Ela se refere a critérios compartilhados de justiça.

Imaginar a economia neutra com relação a valores morais é um dispositivo de poder, de quem monopoliza os privilégios econômicos, de modo a apresentar o arranjo econômico existente como o único possível. É retirar a contingência e a contextualização moral de qualquer ação humana para fazer crer que o arranjo atual é o único razoável e existente. Por conta disso é que se separou a economia da política e da moralidade: facilita a desvinculação da apropriação econômica diferencial a critérios de justiça, de modo a percebê-los como uma necessidade técnica e pragmática incontornável.

No entanto, são as necessidades morais que perfazem o vetor mais importante do nosso comportamento prático em todas as esferas da vida, e não apenas na economia. Desse modo, para se entender como se dá a luta de classes, que decide o acesso de cada um de nós a todas as oportunidades de vida, devemos nos concentrar nas "justificações morais" que legitimam uma determinada ordem socioeconômica contingente e arbitrária.

E como se dá a luta moral entre as classes sociais – que possibilita e legitima a apropriação econômica diferencial entre indivíduos e classes – em nosso país? Ora, vimos acima que a elite que se imagina americana e a classe média branca de origem europeia construíram ideias e mecanismos para rebaixar e desvalorizar as classes populares abaixo delas. Primeiro, o meio era o racismo "racial" aberto e, depois dos anos 1930, o racismo "racial" repaginado como racismo "cultural". Se antes as classes populares de maioria mestiça e negra eram humilhadas por um suposto "estoque racial", agora elas o são por conta de um suposto "estoque cultural" que as teria tornado um povo de corruptos e eleitores de corruptos. Essa é a legitimação do arranjo desigual no Brasil nos últimos 90 anos.

A manipulação do tema da corrupção também é a arma da qual o Norte global, comandado pelos Estados Unidos, se utiliza para estigmatizar e criminalizar o Sul global de modo a saquear suas riquezas. Os países da América Latina, África e Ásia são percebidos como sociedades endemicamente corruptas – assim como, por extensão, seus membros –, enquanto a corrupção é vista como mero deslize pessoal no Norte. Tudo funciona como se o Norte fosse honesto e o Sul corrupto. Como se o capitalismo, em especial o capitalismo financeiro americano, não fosse o tempo todo, e em todo lugar, apropriação privada do público – via evasão planetária de impostos – e lavagem de dinheiro sujo em paraísos fiscais. Isso sem contar as guerras feitas para três empresas privadas de petróleo, como no Iraque. Existe maior confusão entre o público e o privado no mundo? Cadê a jabuticaba brasileira da suposta confusão – que só ocorreria aqui – entre o público e o privado?

É que a acusação moral, aquela que se dirige ao que há de mais valorizado para cada pessoa, atinge o nosso âmago de tal modo que nos desumaniza. Se a dimensão moral é a mais importante e decisiva dentre todas as dimensões do espírito – inteligência, moralidade e capacidade estética – e se é o espírito o que nos afasta da animalidade do corpo e seus afetos, então negar a moralidade de alguém é animalizá-lo, é retirar sua humanidade. Quem quiser eternizar sua dominação social, política e econômica tem que se perceber como manifestação do espírito, enquanto o polo dominado tem que ser percebido como reduzido ao corpo e à animalidade. Seja na esfera global, seja na dimensão local e em todas as múltiplas formas de opressão existentes, não existe exceção a essa regra. É por conta disso que os palestinos, vinculados aos povos do Sul, valem pouco; e os judeus, vinculados aos povos do Norte, valem muito e podem massacrar e chacinar livremente.

É também por conta disso que a elite e seus intelectuais, à procura de um substituto para o racismo "racial", inventaram a "tradição de corrupção do povo brasileiro", como vimos, apenas daqueles que não possuíam origem europeia. Dessa forma, supostamente por razões de "moralidade pública", se garante a posse do Estado apenas para a elite, e uma cultura de golpes de Estado toda vez que um líder popular assume o poder. É a continuação da escravidão, uma vez que se mantém o que é essencial para a continuidade do sistema social anterior – com a roupagem vistosa da modernidade e da democracia representativa. Porém, na verdade, a base da população composta de negros e mestiços continua sem direito efetivo à participação política, já que, no limite, seu voto não vale nem nunca valeu por muito tempo.

Não basta "dizer" que a escravidão foi importante. Apenas "dizer" não esclarece coisa alguma. É preciso que se compreenda a diferença fundamental entre o nome e o conceito, algo que poucos percebem. Saber o nome e simplesmente "nomear algo" não significa compreender. Ao contrário do conceito – que reconstrói de modo coerente a realidade confusa em pensamento –, o nome não é unívoco. Cada cabeça vai ter uma ideia subjetiva só sua, mas vai imaginar que essa opinião, apenas por se referir ao mesmo nome, é uma explicação da realidade. Cada um vai ter uma ideia própria e muito particular acerca dessa "importância": para um, vai ser a feijoada; para outro, o quarto de empregada; para outro ainda, a capoeira e assim por diante. O engano se torna completo quando cada um imagina algo diferente supondo que estão falando da mesma coisa. Não é, afinal, nem um pouco evidente como a escravidão continua com outras máscaras, tanto que este é um trabalho que ainda não havia sido feito no âmbito da sociologia brasileira, embora os trabalhos históricos sobre o assunto tenham existido desde sempre.

Reconstruir o mundo de modo diverso à confusão reinante no senso comum exige o trabalho do conceito, ou seja, uma elaboração abstrata e ideacional que reconstrói o mundo em pensamento enquanto uma realidade compreensível. Isso é o que a ciência deve fazer, embora na maioria das vezes simplesmente repita o senso comum. O conceito, para esclarecer as pessoas de coisas que elas não percebem, necessita que a hierarquia social seja, antes de tudo, compreendida. As coisas não são igualmente importantes. Existe o que é essencial e o que é secundário. E o aspecto mais importante de toda sociedade é como ela legitima a dominação injusta. Deveria ser óbvio e ululante, mas não é. Ao se perceber a forma específica de legitimação de uma sociedade, saberemos todos os seus segredos, já que a legitimação tem que invisibilizar o privilégio injusto e animalizar e estigmatizar o oprimido. Tudo o que se segue a isso na vida social é secundário e construído pela própria necessidade de legitimação que garante a reprodução social desigual.

Por esse motivo, meu conceito de continuidade da escravidão no tempo é distinto de quem apenas "fala" ou simplesmente "diz" sobre a importância da escravidão. O trabalho do conceito, nesse caso, é perceber sua continuidade sob a máscara do novo. É preciso mostrar como se dá essa continuidade: apesar de todas as máscaras, por baixo de todas as mentiras. E ela se dá de duas maneiras fundamentais:

1) pela construção de uma dominação simbólica "vira-lata" para estigmatizar o próprio povo mestiço e negro, e lhe tirar a legitimidade de sua participação política e de seu voto;

2) pela construção de uma classe de abandonados e humilhados reduzidos à sua força muscular e ao trabalho desqualificado, exatamente como acontecia com os antigos escravos.

É a demonstração dessa tese que "explica" e não apenas "diz" que a escravidão é o núcleo do Brasil moderno e contemporâneo. Os dois aspectos decisivos para se compreender como uma sociedade funciona são a forma como ela é legitimada e a forma como ocorre – a partir da reprodução da dominação propiciada pela legitimação – a constituição das diferentes classes sociais e de suas inter-relações. A legitimação é fundamental, visto que sem ela não existe dominação social estável no tempo. A violência aberta se impõe num primeiro momento, mas, sem legitimação, ela nunca se mantém no tempo. É necessário, em todos os casos, "convencer" os oprimidos de que a dominação é boa para eles também, ou que o sofrimento se dá por culpa própria. Por outro lado, também é necessário compreender como se estabelece a construção sociocultural por meio da família e da escola das diversas classes sociais de modo a assimilar o arranjo de conflitos e alianças entre elas. A partir desses dois aspectos, podemos compreender o núcleo de qualquer sociedade. Todo o resto é derivado da dinâmica dessas duas questões.

Por essa razão, o fundamento mais importante e decisivo de nossa sociedade se apresenta da seguinte forma: nossa "identidade nacional" degradada – com a imagem de povo corrupto, modernizando a humilhação do antigo escravo – disseminada nas escolas, universidades e em toda a imprensa e indústria cultural, somada à produção de uma classe de pessoas feitas para serem exploradas e humilhadas. Esses são os dois aspectos, intimamente relacionados, mais importantes de qualquer sociedade: como ela é legitimada e como as classes sociais são construídas.

Em livros como *A elite do atraso* e *Brasil dos humilhados*, avancei na primeira questão. Em *A ralé brasileira*, *Classe média no espelho* e nos outros trabalhos sobre as classes sociais procurei compreender as razões da segunda questão. Meu primeiro trabalho empírico de longo prazo, não por acaso, foi a realização de *A ralé brasileira*. Eu tinha, desde algum tempo, a intuição de que o que explica o Brasil é a constituição intencional – como projeto político do bloco antipopular, composto por classe média branca e elite de proprietários – de uma classe de pessoas destinadas a serem abandonadas, criminalizadas, perseguidas, exploradas e humilhadas. A "ralé", como nomeei provocativamente essa classe de marginalizados e excluídos de praticamente tudo, não pode nem deve ser redimida em nosso país.

Afinal, toda vez que algum governo criou um projeto de reerguimento popular, como melhores salários e acesso à educação de qualidade, aconteceu um golpe de Estado apoiado pela classe média branca e pela elite de proprietários. Isso não é acaso nem coincidência. Existe um acordo silencioso que ninguém debate e explicita – o que ajuda sua continuidade – para manter os humilhados onde estão. E esse acordo é mantido pelas classes do privilégio que não querem, por exemplo, que pobre e preto cheguem à universidade pública ou que compartilhem espaços sociais com elas. Essa é a razão última de toda perseguição policial, exclusão planejada e indiferença em relação ao destino dessas pessoas.

A classe de humilhados e perseguidos, que perfaz cerca de 40% de nossa sociedade, é a pedra de toque para que saibamos como toda a sociedade funciona.[7] Ela tem um efeito semelhante à casta dos intocáveis da Índia, os Dalit,[8] que executam os serviços sujos e mal pagos que ninguém mais quer fazer. A longevidade milenar do sistema de castas está ligada, precisamente, ao fato de que se permite uma distinção social positiva a todas as castas situadas acima dos intocáveis, inclusive os segmentos intermediários. Aqui vale a regra de ouro: toda vez que inexistir a universalização das condições de igualdade – o que exige o reconhecimento social do valor e da dignidade alheia –, a distinção social positiva tem que ser conquistada "às custas dos outros", isto é, pela humilhação e pelo rebaixamento da vida do outro.

---

7 Jessé Souza, *A ralé brasileira*, 2022b.
8 Idem, *op. cit.*, 2022c.

É preciso compreender que a escravidão não é apenas exploração do trabalho alheio. Esse é o corpo, a dimensão material que é evidente a todos na escravidão. Mas a alma da escravidão é a humilhação, ou melhor, o gozo e o prazer na humilhação. Tornar o outro tão vulnerável e frágil a ponto dele se tornar incapaz de se defender é o objetivo real aqui. Como a gritaria contra a carteira de trabalho das empregadas domésticas no governo Dilma demonstrou: se o escravo passa a possuir direitos, ele deixa de ser escravo e de se comportar de modo servil e subordinado.[9] Para a patroa típica de classe média, a empregada é uma escrava doméstica que deve aturar todos os seus humores e humilhações. Não existe nada mais escravocrata do que o prazer de humilhar.

Nós somos uma sociedade desse tipo. Aliás, os Estados Unidos também, pela mesma continuidade do passado escravista e suas máscaras lá e cá, assim como a Índia e seu sistema de castas. Para nosso contexto neste livro, é importante perceber o fato de que não apenas as classes do privilégio se "beneficiam" desse esquema, mas também os setores intermediários – no caso brasileiro, os 40% que são pobres remediados, ou seja, uma espécie de classe trabalhadora precária do capitalismo financeiro, são, em sua maioria, pessoas que ganham entre dois e cinco salários mínimos. E eles votaram, massivamente, em Bolsonaro.[10]

Em quem a classe média e a elite votam não tem muita importância, afinal, constituem menos que 20% da população – não se ganha eleição majoritária apenas com o apoio da classe média e da elite, embora essas classes comandem a sociedade. Assim, é necessária a contribuição do pobre dito de direita – em muitos casos, o branco pobre do Sul do país e de São Paulo, e o negro evangélico no resto do Brasil. Isso nos faz voltar ao questionamento que buscamos elucidar neste livro: por que alguém pobre votou, e ainda votaria, em Bolsonaro?

---

9 Ver o filme de Anna Muylaert, *Que horas ela volta?*, sobre uma empregada doméstica e sua filha nos anos Dilma Rousseff.
10 "Datafolha: Bolsonaro lidera entre quem ganha de 2 a 5 salários mínimos, com 43%", *Isto É Dinheiro*, 22 set. 2022.

Desde Marx, sobretudo após sua morte, a grande questão da "esquerda" e da luta por igualdade e democracia foi compreender o pobre "sem consciência de classe" que apoia quem o oprime. Dizer que o pobre de direita é burro, "bolsominion", ou que a raiz do problema é a filiação religiosa ou o caráter intrinsecamente conservador da pessoa, como muitos fazem, não ajuda muito. Afinal, como já dito, o que importa é saber o que motivou a escolha por determinada filiação religiosa, e aprofundar "o que" a inclinação "conservadora" lhe proporciona.

Para mim, são as necessidades de reconhecimento social desse segmento, também oprimido pela falta de oportunidades educacionais – ao contrário da classe média "real" –, que o faz tão suscetível à pregação bolsonarista. Como a luta por capital econômico – ou seja, os títulos de propriedade das fazendas do agronegócio, das redes de comunicação, das grandes empresas e dos títulos bancários – estão concentrados no 1% mais rico, então a luta real dos 99% que estão abaixo é, antes de tudo, por capital cultural legítimo. No Brasil, o capital cultural considerado legítimo é monopolizado, porém, pela classe média branca e "real".[11] O fato de alguém da classe média ter uma casa própria, um carro importado e uma casa de veraneio não torna essa pessoa membro da elite de proprietários, já que a reprodução de suas condições de vida depende de seu estudo e de seu capital cultural – e não de seus títulos de propriedade.

Para os 80% que não são nem elite nem classe média "real", a competição social por capital cultural legítimo já está perdida: é a classe média "real" que vai comandar toda a sociedade em nome dos proprietários – na economia, na política e na esfera pública. Isso significa que 80% do nosso povo é explorado e oprimido pela ausência de acesso a capital econômico e cultural qualificado. Não há como competir com quem recebe, desde o berço, todos os estímulos para o bom desempenho escolar e para o trabalho intelectual.

---

11 Jessé Souza, *A classe média no espelho*, 2018.

Uma criança de classe média recebe, sem esforço – pela simples internalização e incorporação de exemplos de comportamento de pais e familiares em geral, como o hábito de leitura –, o estímulo ao pensamento abstrato, à disciplina, ao pensamento prospectivo e à capacidade de concentração. Ao contrário do que se pensa, ninguém "nasce" com essas aptidões. Em um país como o nosso, elas representam o maior e mais importante "privilégio de classe" – pois, acima de tudo, esse privilégio é invisível ao olho não treinado. Como não se percebe a incorporação dos exemplos familiares, imagina-se que essas disposições – que anteveem o sucesso ou fracasso escolar – são mérito individual e não familiar e, portanto, de uma classe social específica, transmitido de uma geração para a outra. Daí a meritocracia e a falácia do mérito individual ser a principal ideologia de nossa época: ela permite esconder e legitimar a produção diferencial de indivíduos mais ou menos capacitados por sua herança de classe.

É assim, afinal, que as classes sociais se reproduzem: pelo efeito da socialização familiar e escolar. É o tipo de família e o tipo de escola que vai dizer, por exemplo, a renda diferencial que o indivíduo adulto irá auferir. Isso demonstra como a percepção da classe social como renda diferencial é falaciosa. As famílias abaixo da classe média, os 80% explorados e humilhados em graus variáveis, se subdividem em classe trabalhadora precária e em uma "ralé" de marginalizados e excluídos. A diferença entre as classes populares está também ligada à socialização familiar e escolar diferencial.

As famílias da classe trabalhadora precarizadas pelo capital financeiro apresentam, geralmente, contextos familiares mais estáveis – a exemplo da família com os pais e mães presentes, embora lutem pela sobrevivência no dia a dia. Os estímulos para a escola tendem a ser comparativamente maiores do que no caso dos marginalizados. Isso produz aptidão social e profissional para o exercício dos empregos "uberizados", dos cargos intermediários do serviço público (policial, membro das forças armadas), da atividade de pequeno empreendedor etc. Em termos de renda, essa fração das classes populares se situa entre dois e cinco salários mínimos mensais, possibilitando a existência do que chamamos de "pobre remediado": carente de tudo um pouco, mas sem fome e com apoio familiar básico. Esse é o segmento chave para os propósitos deste livro.

Os 40% de marginalizados na base da pirâmide social já apresentam um outro quadro de vida. As famílias são, em sua maioria, monoparentais: quase sempre só com a mãe, sendo o pai ausente. Muitas delas apresentam lares desestruturados, com abuso físico e sexual frequente, e com pouco estímulo ao sucesso escolar (pela falta de exemplos bem-sucedidos). Embora existam exceções, a vida é levada com a ênfase no aqui e no agora, na comida de hoje, para o almoço de hoje – o que condena essa classe a uma absoluta ausência de futuro e de planejamento de vida. Sem pensamento prospectivo, isto é, a ideia de que o futuro é mais importante do que o presente, não há condução racional da vida possível.

É uma classe literalmente "sem futuro", construída para os empregos pesados como os que os antigos escravos faziam: as mulheres são as escravas domésticas, e os homens os "escravos de ganho" em trabalho muscular e não qualificado. Como a escola produz os "analfabetos funcionais" – daqueles que fazem de tudo um pouco porque nunca aprenderam a fazer nada direito –, essa classe se caracteriza pela falta e pela vulnerabilidade extremas. Tendo em vista que o acesso ao capital cultural condiciona toda a participação social e todo emprego competitivo, essa classe é desumanizada e animalizada.

Esse estilo de vida não é, obviamente, "culpa" das vítimas. Os 40% marginalizados foram produzidos intencionalmente pelas classes do privilégio: para explorá-los e humilhá-los. O gozo na exploração e na humilhação é o que marca a relação das classes do privilégio com os pobres e marginalizados, e mostra a continuidade da sociabilidade escravocrata. Todo governo popular que procurou ajudar os marginalizados for apeado do poder por um golpe de Estado apoiado pela elite e pela classe média. Claro que a desculpa foi sempre a lorota da corrupção, de modo a moralizar o preconceito dos privilegiados e justificar o abuso.

Essa é uma classe perseguida. Se fosse só indiferença e descaso, seria muito melhor. Mas não é. É ódio e desprezo cultivados e cevados todos os dias. A polícia foi criada para perseguir, matar e humilhar essa classe – sob aplauso das classes do privilégio. É por conta disso que matar pobre e preto provoca comoção em tão poucos. É um arranjo social irracional ao extremo, baseado no ódio e na própria insegurança dos privilegiados. Ninguém pode viver bem em uma sociedade na qual predomina a desigualdade e a opressão social. A vida dos marginalizados é um verdadeiro inferno social. Essa é a vida da maioria das pessoas que ganha entre zero e dois salários mínimos em termos de renda comparativa.

A grande questão que se impõe aqui é: a quem serve a existência secular de pessoas fragilizadas e vulnerabilizadas em todos os sentidos? É irracional evitar que certa classe de pessoas possa ter condições de vida mínimas com alguma dignidade. Insegurança pública de todos e pobreza da maioria são as consequências. Além do prazer na exploração e na humilhação dessa classe, quase toda preta e mestiça, existem outras razões: como a necessidade da elite e da classe média em criarem o criminoso para melhor estigmatizá-lo. Se for preto e pobre, é bandido – simples assim. Em uma sociedade tão desigual, pode-se, a partir disso, justificar todo o esquema injusto ao conferir a culpa à própria vítima e legitimar o acesso diferencial das classes do privilégio aos capitais econômico, cultural e social. Quando se culpa a vítima, a real causa da opressão social e econômica – o saque promovido pela elite contra a população – se torna invisível, e se legitima o arranjo injusto e elitista. De quebra, como vimos acima, ainda se criminaliza a participação popular dos pobres e marginalizados, tornando a política e o acesso ao Estado monopólios da elite.

III. O POBRE REMEDIADO E A MANIPULAÇÃO DE SUA FRAGILIDADE SOCIAL

Não são apenas as classes do privilégio que se reproduzem enquanto tais a partir da opressão dos marginalizados. Também o setor intermediário dos "pobres remediados", entre a classe média "real" e os marginalizados, passa a marcar sua posição social mediante a oposição ao pobre e ao preto. É isso o que explica a manutenção secular de uma classe de "desarmados" para a luta social em todas as dimensões. Todas as classes acima dela vão retirar ganhos materiais ou simbólicos por conta da oposição aos marginalizados. Como a necessidade última e mais profunda do ser humano em sociedade é precisamente auferir autoestima e reconhecimento social – e não dinheiro, como os tolos imaginam – existem duas maneiras fundamentais das sociedades resolverem esse problema. Ou bem se generaliza o respeito individual a todos, ou quase todos, os membros da sociedade – como em algumas sociedades europeias mais igualitárias –, ou reconhecimento e autoestima irão ser conquistados à custa da humilhação do outro. Em sociedades com passado escravocrata, como Estados Unidos e Brasil, o segundo caso impera. Nesses casos, a autoestima e o respeito são obtidos "contra" os outros e não "com" os outros, como acontece, em geral, nas sociedades mais igualitárias.

No Brasil, marginalizados e humilhados passam a ser o contraponto negativo a partir do qual todas as outras classes sociais poderão resgatar algo de positivo para si, inclusive a classe trabalhadora precária logo acima dessa classe de "desarmados". Esta é a base para se compreender toda a vida social brasileira: a criminalização do pobre e do preto permite o enobrecimento moral relativo de todas as classes sociais acima da "ralé" de perseguidos e abandonados. E vimos acima que são as necessidades morais que representam o vetor mais importante do nosso comportamento prático em todas as esferas da vida. Sobretudo para quem tem pouco, como a classe trabalhadora precária: nesse caso, a suposta superioridade moral sobre os marginalizados é decisiva.

Devemos nos concentrar sempre, para compreender uma sociedade na sua lógica de funcionamento mais totalizante, nas "justificativas morais" que legitimam uma determinada ordem socioeconômica contingente e arbitrária.

As principais justificativas morais da classe trabalhadora precária para angariar o efeito de distinção social – e, portanto, reconhecimento social – à custa dos marginalizados são duas: 1) o preconceito regional que mascara o racismo "racial" de fundo contra os mestiços e negros do "Norte"; e 2) a oposição que divide todas as classes populares em duas classes inimigas: a oposição entre o pobre honesto e o pobre delinquente, também uma outra máscara do racismo "racial" pelo estigma do negro como bandido. Isso comprova nossa tese de que são as máscaras do racismo "racial" que continuam operantes na sociedade avaliando e classificando as pessoas como dignas ou indignas de respeito.[12] Com relação ao segundo ponto – o primeiro será discutido adiante –, devemos deixar claro a artificialidade dessa distinção que, no entanto, está hoje na cabeça de todo pobre, remediado ou não. Como nos ensina Foucault, é necessário "construir o crime e o criminoso". Isso significa que a própria ideia de crime é artificialmente construída para legitimar uma ordem construída de maneira arbitrária.[13]

Desse modo, crime não é, por definição, o que a elite faz: saquear e roubar a vida presente e o futuro de todo mundo, de múltiplas formas. As vendas de estatais para os amigos – a preço de banana, como Paulo Guedes fez – não são consideradas crime. São, inclusive, comemoradas por toda a imprensa elitista. O rombo de 40 bilhões de reais que Paulo Lemann e seus cúmplices deram nas Americanas não trouxe qualquer consequência para ele, que continua a ser um farol para a imprensa e para a elite brasileira. No final, se o velho enredo se repetir, esse

---

12 Ver Jessé Souza, *op. cit.*, 2022b.
13 Michel Foucault, *Vigiar e punir*, 1995.

rombo será pago pelo tesouro nacional, ou seja, por todos nós. Casos semelhantes são inúmeros, sem contar o esquema de juros exorbitantes e de dívida pública nunca auditada.

Ainda pior é o que se pode observar na elite rural: uma classe historicamente construída por assassinos de posseiros e ladrões de terras.[14] A elite pode tudo – e faz, efetivamente, tudo. O crime compensa, desde que não seja chamado de "crime" por nenhum jornal, mas sim de negócio e de empreendedorismo – para torná-lo "pop" como o agro reacionário que temos. A forma de tornar os crimes da elite invisíveis é construir um criminoso *"ad hoc"*, ou seja, feito com precisão de alfaiate para desviar a atenção dos crimes da elite de modo a mostrar apenas o crime do pobre e do preto. De resto, o controle da imprensa e da indústria cultural garante o sucesso da mentira fabricada.

É para que todos esses crimes da elite se tornem invisíveis que se cria, artificialmente, o crime como monopólio do pobre e do preto. Crime passa a ser, antes de tudo, tudo aquilo que o preto faz: sua religião, sua música, seu lazer e suas manifestações culturais. Nesse sentido, um crime terrível passa a ser a venda de uma trouxinha de maconha na esquina – crime pelo qual um preto pode pegar 15 anos de cadeia e ainda apanhar muito (isso se não for sumariamente executado). Com a pregação moralista evangélica, essa moralização do pobre "honesto" se torna mais multifacetada. Passa a compreender também a ética familiar criminalizando a homossexualidade e reforçando a subordinação feminina. O "pobre delinquente" vai ser o ladrão de ocasião, o gay, a lésbica, a mulher independente, ou simplesmente um negro, que nem sequer precisa fazer algo para ser criminalizado e assassinado. Aqui vale a máxima: para quem tem pouco, como o pobre "honesto" e "homem de bem", a moralidade – falsa e fabricada contra ele próprio – passa a ser tudo.

---

14 Ninguém captou a lógica do mundo rural brasileiro tão bem como Graciliano Ramos em *São Bernardo*.

No caso, como a maior vulnerabilidade é a necessidade de autoestima e reconhecimento social de importância e dignidade, qualquer boia de salvação moralista, lançada a uma pessoa vulnerável e carente da classe trabalhadora precária, que "sente", mas não "compreende" a causa do desdém do qual também é vítima, chega em solo fértil. Essa é a razão mais importante do sucesso da pregação moralista e conservadora dos evangélicos. Ela vai dar a essas pessoas carentes de respeito social, sem as oportunidades que as classes do privilégio tiveram, um fundamento alternativo para que possam se orgulhar de si mesmas – como "homem de bem" ou "pai de família", sempre de acordo com o código construído pelos ricos para estigmatizarem os pobres.

Para as classes sociais que ocupam as posições polares da hierarquia social – a elite de proprietários e a "ralé" de marginalizados –, a incorporação da moralidade dominante tende a ser menos determinante. Para a elite, porque sabe intuitivamente que as regras morais dominantes foram feitas para justificar seus próprios privilégios. É isso que explica a "desfaçatez de classe" dessa elite que a tudo se permite. De certo modo, estão "acima" da moralidade dominante – o que caracteriza o cinismo blasé típico dos membros dessa classe. Os muito pobres, por outro lado, embora não tenham defesas cognitivas contra os preconceitos elitistas criados contra eles, são tão humilhados que estão excluídos do próprio jogo da moralidade, uma vez que não possuem fichas para jogar o jogo.

Já as classes intermediárias – a classe média "real" acima, e os pobres remediados logo abaixo da classe média – são as classes que, por conta de sua posição na hierarquia social, são as mais sensíveis às classificações e avaliações sociais dominantes. Por um lado, a aderência aos valores elitistas dominantes – muito típico, por exemplo, da classe média "real" que se comporta como um "agregado" da elite, se identificando, inclusive, enquanto parte dessa mesma elite. Por outro lado, o desdém e o desprezo comum em relação aos marginalizados e excluídos de onde retiram sua autoestima e sua autoconfiança.

A classe média "real" não é o tema deste livro. Que a imensa maioria da elite e da classe média "real" odeiam os pobres, é fato. Qualquer tentativa de redimir a pobreza entre nós enfrenta ferrenha oposição desses setores, e sempre que tentado, terminou em golpe de Estado. Mas essas duas classes sociais juntas não chegam a compor 20% da população brasileira. Ou seja, elas não decidem eleições majoritárias por si mesmas sem a conivência de porções significativa das classes populares. Daí que tenhamos escolhido, aqui, no contexto do presente livro, estudar e examinar os "pobres remediados".[15] O objetivo aqui é compreender as razões da aderência dessa classe a um projeto que, dentro da racionalidade econômica de maximização de benefícios – que a maioria de leigos e intelectuais imagina ser o determinante de nosso comportamento – seria um "tiro no próprio pé". O que impede, na consciência do indivíduo, o simples cálculo de custo e benefício? Se não existem vantagens econômicas, o que essa classe ganha?

Como não houve ganho econômico palpável para ela, sua sedução se deu por outra fonte. E essa fonte é sempre de natureza "moral", ou seja, redefine a situação do valor relativo – tanto sua autoestima quanto o respeito social – desse indivíduo e dessa classe social na sociedade. Mesmo a racionalidade econômica é, como vimos, na sua dimensão mais profunda, uma ideia moral. Se as necessidades de utilidade econômica fossem o motivo da ação das pessoas, um bilionário que possuísse 1 bilhão de dólares – quantia que o permitiria acesso imediato a todos os bens de consumo existentes – não teria qualquer interesse em passar a vida aumentando seu patrimônio. No entanto, quem tem um bilhão quer dois, quem tem dois quer três, e assim por diante.

É assim que acontece na vida real. Obviamente, o motivo não é carência econômica ou dificuldade de acesso a bens. Os bilionários competem mundialmente para ver quem tem mais zeros na sua conta,

---

15 Normalmente, por critério de renda, aqueles que ganham entre dois e cinco salários mínimos.

embora seja dinheiro que ele jamais terão condições de consumir. A aparente irracionalidade da busca incansável por riqueza é explicada por razões "morais" e não econômicas, porque a riqueza em si é uma marca de "distinção social", que cria a sensação de que o bilionário é especial e que merece todo o nosso respeito. A corrida para o dinheiro – como fim em si – é uma corrida que só pode ser explicada pelas necessidades, de todos, de distinção e reconhecimento social. É apenas o aumento da autoestima e do reconhecimento social que a riqueza provoca que pode explicar a busca incessante e sem limites por dinheiro.

3. O BRANCO POBRE DO SUL DO PAÍS E DE SÃO PAULO E O PRECONCEITO REGIONAL NO BRASIL

I. A SUBSTITUIÇÃO DO RACISMO "RACIAL" PELO RACISMO "REGIONAL"

O motivo de analisarmos o assim chamado preconceito regional no Brasil se baseia no fato de que ocorre uma nítida inversão no padrão racial entre São Paulo e a região Sul e o resto do país. Se, no resto do Brasil, entre 70% e 80% são negros ou mestiços, no Sul e São Paulo, entre 60% e 70% são brancos.

Esse fato não chamou a atenção de quase ninguém em uma sociedade racista como a nossa. Lamentável engano de nossa inteligência crítica. Ainda que pouquíssimo notados, esses números possuem uma importância decisiva – afinal, não é porque até hoje não se prestou a devida atenção a eles que o fenômeno não seja fundamental. Muito pelo contrário, deixá-lo às sombras já reflete um projeto de poder. Não nos esqueçamos jamais de que o principal dispositivo de poder, em todo lugar, é o de se tornar invisível enquanto tal.

Desses 70% de brancos do Sul e São Paulo, a maioria com tradição de imigrante e sobrenome italiano ou alemão, cerca de 50% são pobres. A classe média "real" – medida em termos de acesso às benesses do mundo moderno em comparação aos casos europeu e norte-americano (com exceção do México) – é muito pequena, não chegando a 20% da população em nenhum lugar no Brasil,[1] o que significa que pelo menos

---
1 Ver Jessé Souza, *Como o racismo criou o Brasil*, 2021.

50% dos 70% que são brancos nessa região são pobres, ainda que a maioria "pobres remediados". Abaixo da classe média "real", essa classe não teve acesso aos mesmos privilégios educacionais que reproduzem a classe média "real" enquanto classe privilegiada. Grande parte dela está contida na definição errônea que ganhou o país de "nova classe média", para designar os setores medianos em termos de renda.

A ideia de classe social como sendo construída pela renda que se tem no bolso é indigente e equivocada em teoria, e só produz confusão na vida prática. Se alguém possui renda média em um país pobre, esse alguém é pobre, ainda que remediadamente pobre nesse contexto específico. São, portanto, pobres e injustiçados, visto que estão onde estão por falta de chances. Chances essas que, por outro lado, foram transmitidas de modo invisível, mas concreto nos seus resultados palpáveis – pela reprodução do ambiente de estímulo familiar para o sucesso escolar típico dos brancos da classe média "real".

Estatisticamente, Bolsonaro teve sua votação mais expressiva nos estados do Sul e São Paulo, sobretudo entre o público que tem de dois a cinco salários mínimos[2] – como já dito, segmento chamado, anos atrás, erroneamente, de "nova classe média". Como a elite e a classe média "real" são tão pequenas a ponto de não elegerem mais ninguém em uma eleição majoritária, foi a participação desse segmento popular que permitiu o fenômeno grotesco do bolsonarismo. E o fator decisivo para a cooptação desse segmento significativo de nossa população foi o racismo "racial" disfarçado de racismo "regional" – eis nossa hipótese central de trabalho nesse contexto.

Todos vimos, por exemplo, a fúria contra o Nordeste e os nordestinos provocada pela derrota de Bolsonaro nas últimas eleições de 2022 – disseminada por conservadores nas suas redes sociais. Ora, o preconceito regional é um absurdo em si, já que ninguém odeia ninguém pelo

---

2 Fernando Canzian, "Encolhendo e em crise, classe C vira motor do bolsonarismo". *Folha de S.Paulo*, 12 nov. 2022.

acaso de nascer geograficamente em outro lugar. A simples geografia não produz ódio. Assim, o preconceito regional está sempre no lugar de outra coisa – da qual não se pode dizer o nome. Pensemos juntos: o que está em jogo no ódio real aos nordestinos, que não seja mera inveja do lugar que possui, indiscutivelmente, as praias mais bonitas deste país? É difícil sustentar que se trata da geografia.

Será que o fato do Nordeste possuir o maior número relativo de pessoas negras e mestiças não teria algo a ver com esse ódio de outro modo incompreensível? Pelo menos cerca de 80% da população nordestina é, além de pobre, negra ou mestiça (embora exista muito mestiço que ainda se imagine branco). Será que o preconceito racial não está aqui encoberto e expresso de modo alternativo sob a forma de preconceito regional?

Para que isso seja possível, é importante reconstruir a história do preconceito regional no nosso país, principalmente no estado de São Paulo, onde ele assume sua forma mais bem elaborada e eficaz. É um assunto em que as pessoas não gostam que se toque (inclusive muitos intelectuais). Quando toquei nesse assunto em entrevistas e artigos de jornais e revistas, fui atacado com violência nos comentários, como alguém que estivesse estimulando a cizânia entre os brasileiros de modo artificial e enganoso. Ora, o ponto aqui é que a cizânia já existe e já provoca os resultados que vimos acontecer recentemente. Eu a estou tornando explícita para denunciá-la.

O que eu faço é a denúncia de algo muito concreto, como veremos, que muitos querem continuar a deixar embaixo do tapete. Eu não estou, portanto, criando artificialmente um conflito, mas sim denunciando a sua existência silenciosa que compromete a solidariedade entre os brasileiros das diversas regiões. Por outro lado, o incômodo provocado pela crítica é o que comprova, como já dizia Nietzsche, a importância fundamental dela. O incômodo, quase sempre, ocorre por tornar manifesta uma verdade apenas latente, dado que gostamos das máscaras mentirosas que nós mesmos construímos para nos sentirmos melhores do que somos.

Por que São Paulo é tão importante nesse contexto? Ora, porque toda elite ascendente, que pretende comandar os destinos de uma nação inteira, necessita construir uma legitimação simbólica – uma mistura de ideias e valores – para esse domínio. Afinal, não há poder sem legitimação simbólica convincente: a violência nua e crua como arma é sempre temporária. E a elite de São Paulo construiu uma legitimação tão eficaz, e se naturalizou a tal ponto, que meramente tocar no assunto desperta ódio e revolta. Antes de tudo, é importante ressaltar que a elite cafeeira ascendente de São Paulo sempre viveu do Estado e do controle do orçamento público. O financiamento das safras, a garantia de preços, dentre outras medidas, era bancada pelo erário público. O controle do Estado e, portanto, da política, sempre fez parte do seu "negócio". Por conta disso, seu processo de legitimação sempre visou e ainda visa garantir acesso privilegiado ou exclusivo ao Estado e seu orçamento. Como isso tudo foi construído?

Como vimos, até 1930, a legitimação principal, construída no primeiro quartel do século XX, foi a transfiguração do bandeirante em uma espécie de "equivalente funcional" do pioneiro protestante ascético americano. Poucos, como Vianna Moog, perceberam o que estava em jogo:

> A julgar pela atoarda da literatura nacional em torno dos bandeirantes, dir-se-ia que o São Paulo moderno, o São Paulo das indústrias, o São Paulo do café, o São Paulo que constrói e monta o mais soberbo parque industrial da América do Sul, é obra exclusiva do bandeirante e do espírito da bandeira. Porque nisto de emprestar ao bandeirante atributo que ele nunca teve, o paulista de quatrocentos anos é um perfeito ianque. Se, para valorizar o símbolo que lhe é caro, for preciso atribuir ao bandeirante atributos orgânicos, ele o atribuirá; se para magnificá-lo for preciso torcer a história ele a torcerá.[3]

---
3 Vianna Moog, *Bandeirantes e pioneiros*, s/d, p. 227.

Inicialmente, a influência intelectual maior nesse contexto não foi de Max Weber – como seria mais tarde, a partir de 1930 –, mas sim o clássico de Tocqueville e seu elogio à democracia americana.[4] Passou-se a acreditar que a pujança econômica americana era resultado de um suposto espírito ascético com as atribuições de disciplina, iniciativa, autocontrole e controle da realidade externa; e desenvolveu-se uma teoria para dizer que, também nós, tínhamos os nossos pioneiros.

Existem três fases históricas para a construção do mito bandeirante. A primeira fase se dá ainda no século XVIII. Não havia, até os trabalhos de Madre de Deus e Paes Lemes na segunda metade do século XVIII, nenhuma consciência sobre o papel do bandeirante e de seu sentido histórico.[5] Paes Leme cria uma narrativa heroica do paulista e do bandeirante como líder militar, e Madre de Deus valoriza a origem mameluca e a expansão geográfica bandeirante.[6] O contexto de surgimento dessas obras não deixa de ser esclarecedor. A partir do século XVIII, os potentados locais do altiplano paulista passam a sofrer a concorrência de comerciantes reinóis. A perda de poder relativo estimulou os dois autores, descendentes dos pioneiros da capitania de São Vicente, a tomarem para si o desafio de construir uma história positiva dos bandeirantes – e própria a São Paulo.

A segunda fase de revivescência desse mito se dá a partir dos anos 1870, quando o café paulista passa a ser a mola econômica propulsora do país, convivendo, no entanto, com o que era percebido como uma subalternidade política dos paulistas. Essa é a razão última da crítica ao centralismo político imperial, assim como da valorização do sistema federativo nos moldes republicanos, como aconteceria mais tarde na República Velha. A partir do final do século XIX, quando a necessidade de legitimação política da primazia econômica paulista se torna

---

4 Alexis Tocqueville, *Democracy in America*, 2002.
5 Kátia Maria Abud, *O sangue intimorato e as nobilíssimas tradições*, 2021.
6 Ana Lúcia Teixeira, "A letra e o mito", 2014.

urgente, o bandeirante ressurge como o candidato ideal para embasar esse esforço.

O mito bandeirante irá servir como uma luva para a legitimação da pretensão de superioridade paulista. A consolidação da hegemonia paulista no período republicano passa a se legitimar pela necessidade de se atribuir ao bandeirante a responsabilidade pela construção da unidade nacional – não só São Paulo, mas também o Paraná e Minas Gerais teriam sido colonizados pelos bandeirantes – pavimentando, por sua vez, o caminho para a formulação de um projeto nacional formulado a partir de São Paulo.

Para o sucesso desse projeto, era necessário criar uma oposição entre o "caráter paulista" e o do resto do Brasil. O "povo paulista" seria uma exceção de progresso em meio ao atraso nacional, tido como causado por um povo apático e dependente, muito especialmente os "nortistas".[7] Essa oposição vai passar a ser construída a partir da identificação do bandeirante paulista com o povo americano, percebido como o pioneiro ascético protestante detentor das supostas virtudes da iniciativa, liberdade e espírito empreendedor. A partir de 1870, passa a existir diversas menções ao espírito americano de São Paulo.

Esse ponto é decisivo. A afirmação de uma história e de uma tradição comum aos paulistas – e distinta do resto do Brasil – possibilita um espaço livre para a construção da exceção nacional (o excepcionalismo paulista). Américo Brasiliense, já em 1878, defendia o Partido Republicano Paulista, o PRP, como baluarte da liberdade, independência e espírito de iniciativa e expressão dos princípios do liberalismo americano. Esse espírito seria a expressão tropical da *"township"* americana elogiada por Tocqueville.

Em paralelo, ocorria um redimensionamento da figura dos bandeirantes, vistos até então como assassinos egoístas de índios. A redenção do bandeirante exigiria um think tank específico – precursor da USP como

---

[7] Danilo Ferreti, "O uso político do passado bandeirante", 2008.

usina de ideias elitistas, bancado pela elite paulista: o IHGSP, Instituto Histórico e Geográfico de São Paulo, criado em 1894. Expressando uma política cultural dirigida pela elite paulista, o IHGSP transformou o mito colonial paulista em história oficial. A atividade do IHGSP era toda voltada à elaboração de uma ideologia justificadora da primazia cultural paulista,[8] demonstrando como a USP, mais tarde, faria exatamente o mesmo ideário.

O núcleo do argumento desses intelectuais orgânicos da elite paulista era a identificação com o americanismo, percebido como espírito de iniciativa e empreendedorismo. Para todos os efeitos, São Paulo passa a ser visto como uma espécie de "Massachusetts tropical" – o estado americano onde os protestantes ascéticos perseguidos, vindos da Inglaterra, chegaram primeiro; e de onde se originou a colonização de todo o país. Do mesmo modo, São Paulo devia irradiar o seu espírito para todo o resto do país visto como atrasado e dependente. Em 1913, Basílio de Magalhaes afirma que, devido ao seu espírito de inciativa, eram os paulistas os "ianques da América do Sul".[9] A bandeira de 13 listras também é uma óbvia identificação com o americanismo.

O presidente Washington Luís – que era fluminense, mas que se transformou no mais ardoroso defensor do passado paulista – também ajudou a financiar a publicação de histórias regionais que criaram o verdadeiro boom de publicações sobre o bandeirante estilizado dos anos 1920. As obras de Alfredo Ellis, Alcântara Machado, Paulo Prado e Afonso de Taunay, acerca das supostas vantagens da tradição paulista, são todas dessa época. Washington Luís ainda transforma o museu paulista em uma verdadeira "catedral bandeirante",[10] além de construir, quando era governador, monumentos em todo o Estado.

---

8 Antônio Celso Ferreira, *A epopeia bandeirante*, 2002.
9 *Ibidem*.
10 Danilo Ferreti, *op. cit.*, 2008.

O objetivo do mito bandeirante era duplo: tanto justificar o comando nacional da elite paulista sobre o resto do país quanto separar o paulista de quatrocentos anos dos novos forasteiros vindos da Europa aos milhões, a partir de 1880. A guerra civil de 1932 veio modificar essa situação, intentando que os imperativos de solidariedade interna dos irmanados na luta comum pudessem preponderar. É a partir daqui que começa a terceira fase do mito bandeirante, passando a significar todos os paulistas independentemente de origem e classe social.[11]

O componente discriminatório do mito – o narcisismo da pequena diferença – passa a se dirigir, então, à comunidade nacional como um todo. É interessante notar uma peculiaridade desse contexto histórico, à qual poucos atentam: em 1930, estava terminando o maciço fluxo de cinquenta anos da vinda de 5 milhões de brancos europeus, cuja maioria se fixou em São Paulo. Apenas muito mais tarde, viriam, em massa, os nordestinos. Ora, a solidariedade interna de um Estado tão dominante e populoso como São Paulo vai ser realizada pela elite, que se diz "americana", e pelos milhões e milhões de brancos imigrantes – que se pensam europeus, até hoje, pela origem recente. Em um país tão marcado pela escravidão e pelo racismo, não é um fato pueril que o estado mais importante do país, em todas as áreas da vida, veja-se como culturalmente e "racialmente" – raça e cultura são intercambiáveis na prática social, como veremos em detalhe – "superior" ao restante do país. Com a unificação do mito bandeirante "para dentro" do estado, abriu-se a possibilidade da construção de um bloco antipopular – no sentido da oposição contra a maioria mestiça e negra da população – formado pelas elites quatrocentonas e pela ascendente classe média e classe trabalhadora branca de recente imigração. São Paulo passa a ser percebido, para todos os efeitos, como o lugar do encontro entre americanos e europeus, campeões da "civilização", em contraposição ao resto do país, ou seja, de São Paulo para baixo, percebido como uma

---

11 Maria Isaura Pereira de Queiroz, "Ufanismo paulista", *Revista da USP*, 1992.

África mestiça e preta que precisava ser colonizada, pelos superiores, racial e culturalmente.

A partir de 1930, no entanto, a revolução cultural varguista implica reconhecimento da cultura negra como um pilar cultural fundamental, que já discutimos acima, e se constitui, a partir disso, na primeira afirmação positiva do povo mestiço e negro na nossa história. Foi essa afirmação positiva que ajudou a interditar o racismo explícito que vigorava antes de 1930. A influência de Gilberto Freyre como criador do mito do "bom mestiço", com as virtudes ambíguas da afetividade e do calor humano, de modo a se contrapor ao racismo explícito anterior que via o negro e o mestiço como a simples "lata de lixo" da história, é evidente. Pela primeira vez, afirmava-se e celebrava-se a cultura popular preta e mestiça.

Por óbvio, esse impulso democratizante e antirracista não criou uma "democracia racial", mas interditou, a partir dos anos 1930, o racismo explícito na esfera pública. A partir de Getúlio Vargas, o racista passa a continuar a sentir o afeto racista, mas não pode expressá-lo enquanto tal, de modo legítimo, em público. É claro que essa situação para as classes populares é muito melhor do que o contexto de violência explícita anterior – só os tolos acham que a violência explícita é melhor. Estava criado o "racismo cordial" brasileiro: o que mantém o racismo, mas interdita sua expressão enquanto tal.

Qual o efeito do "racismo cordial" sobre a vida social brasileira? Ora, se o racista branco das classes do privilégio não pode mais utilizar a linguagem racial explicitamente, mas continua a carregar o afeto racista no peito, o que se faz necessário é encontrar "equivalentes funcionais" para o racismo de classe e de raça que são profundamente amalgamados entre nós. Assim, produz-se o efeito de justificar a opressão e a humilhação dos mais frágeis, mas, agora, sem tocar na palavra "raça". A necessidade de oprimir mestiços, pobres e negros advém do fato de que, como o acesso ao poder de Estado é a pedra de toque para o domínio da elite de proprietários no mercado, sendo o seu "verdadeiro negócio", é imperioso criminalizar e mitigar ao máximo a soberania e o voto popular. Afinal, qualquer governo popular implica um esforço de usar o orçamento público para a maioria da população, justamente o que a elite não quer, já que percebe o orçamento público como exclusivamente seu. A aliança da elite com a então recente classe média branca, que se formava no país, vai acarretar, por outro lado, a manutenção dos privilégios educacionais típicos da reprodução social dessa classe de brancos.

Em resumo, a base dessa aliança é um acordo: a elite fica com a grana e toda propriedade relevante, e a classe média fica com as boas escolas, boas universidades e o acesso às línguas estrangeiras que conduzem aos bons empregos. Assim, esse bloco de poder concentra apenas para si os dois capitais mais importantes do mundo moderno: o capital econômico e o capital cultural. E é por conta dessa busca de exclusividade que a classe média branca – como tropa de choque da elite nas ruas – e a elite protagonizam golpes de Estado toda vez que um líder popular assume o poder de Estado.

Mas como foi produzido o milagre de fabricar uma ideia que oprime e desqualifica o próprio povo, do mesmíssimo modo como antes o racismo "racial" explícito fazia, fingindo que se tratar de uma descontinuidade do racismo anterior e que é tida, inclusive, como "crítica social"? Difícil conseguir isso tudo com uma ideia só. Quem foi o gênio que conseguiu tudo isso? O nome do gênio é Sérgio Buarque de Holanda. Coube a Buarque construir a mais perfeita continuação do racismo "racial" anterior, transformando-o em racismo "cultural" e fingindo que se é antirracista e crítico.

Buarque constrói o brasileiro em geral – como se a construção do indivíduo não fosse produto da socialização familiar específica de cada classe social – e afirma que somos todos "homens cordiais", comandados pela emoção ao invés da razão. Um povo literalmente "sem espírito", comandado, portanto, pelas paixões irracionais do corpo, com uma tendência incontrolável para a corrupção e para o favorecimento pessoal. Se antes o povo mestiço e negro era oprimido pela ideia da inferioridade racial, agora retira-se a ideia de "estoque racial" e a substitui pela de "estoque cultural", ou seja, substituiu-se o racismo "racial" explícito pelo racismo "cultural" – de uma suposta herança de corrupção que seria portuguesa e ibérica.

Essa ideia da corrupção portuguesa – desde a Idade Média, que teria sido transmitida até nós – é uma fraude completa, já que não havia qualquer diferença entre o patrimonialismo medieval português em relação ao patrimonialismo todos os outros países europeus. Mais importante ainda é a fraude científica e histórica evidente: não se pode falar de corrupção, no sentido moderno, antes da revolução francesa e da invenção da ideia de soberania popular. Antes disso, era impensável que existissem bens públicos, que seriam de todos, e que pudessem ser roubados por particulares privados.

Essa fraude histórica, facilmente criticável, no entanto, está na cabeça de todo brasileiro de hoje. Daí a importância de Sérgio Buarque como construtor de uma nova identidade nacional "vira-lata" – auxiliado, nesse caso particular, por Raymundo Faoro –, que repõe o povo brasileiro na "lata de lixo" da história. A outra ideia seminal de Buarque, a que também ainda está na cabeça de todo mundo hoje, é a de que essa tendência irresistível do brasileiro pela corrupção se manifestaria, antes de tudo, no Estado e na política.

Não existe ideia mais importante para a elite do saque brasileira. Ela criminaliza o voto e a participação popular – como antes o racismo "racial" fazia – e garante para a elite o acesso exclusivo ao poder de Estado. Para isso, basta criminalizar, com apoio da mídia (propriedade privada dessa mesma elite), o líder popular com denúncias de corrupção, que, como vimos, não precisam ser verdadeiras para produzir seus efeitos. Afinal, a população é definida como corrupta e eleitora de corruptos. Assim, cabe enfatizar: todas as vezes que algum líder popular, por definição corrupto e supostamente eleito por um povo corrupto, teve acesso ao poder de Estado, tivemos um golpe de Estado – perpetrado, na realidade, para evitar qualquer forma de inclusão popular.

Desse modo, a própria elite, desde o século XIX localizada, antes de tudo, em São Paulo, ganha a batalha simbólica de criticar a noção de identidade nacional mais inclusiva de Gilberto Freyre e de Vargas em seu próprio benefício. Se a elite paulista havia perdido a guerra militar em 1932 contra Getúlio, ela aprendeu, por outro lado, a usar a dominação simbólica sob seu controle privado: todos os jornais, televisão e indústria cultural passam a bombardear a população 24 horas por dia, com uma única mensagem. A elite brasileira, antes de tudo a paulista, descobre – da mesma maneira que a elite americana em guerra contra os sindicatos, como vimos anteriormente – que são as ideias envenenadas recobertas pelo prestígio científico que podem funcionar como a mais perfeita criminalização do voto e da participação popular. Como toda exploração do trabalho alheio precisa, antes de tudo, humilhar o oprimido e retirar sua autoconfiança e sua autoestima, então Buarque deu à elite seu maior presente. Eu não estou falando dos longínquos anos 1930. Essa concepção é, ainda hoje, uma espécie de "segunda pele" de todo brasileiro – inclusive dos intelectuais – e naturalizada e aceita como óbvia por quase todos, apesar de sua fraude evidente.

Apesar de ter definido a corrupção como traço de todo o povo, vimos mais acima que isso foi transmutado em acusação apenas contra a maioria do povo mestiço, preto e pobre. Isso se explica pelo que já discutimos neste livro. A denúncia midiática da corrupção passa a ser a arma mais importante utilizada pela elite e pela classe média branca toda vez que se tente amenizar igualdades e diminuir a distância dos pobres em relação às classes do privilégio. Foi isso o que ocorreu com o próprio Getúlio, em 1954, e depois com Jango, Lula e Dilma. A hipocrisia da elite e da classe média branca é patente. Nenhuma delas tem, na verdade, nada contra a corrupção. Ao contrário, são seus principais agentes.

Comparem o caso da "Lava Jato" com o caso "Dilma", que reuniu, nas principais cidades brasileiras, milhões de branquinhos, bem-vestidos e indignados com a corrupção filmada e explicita de Aécio e Temer. Nenhum branquinho bem-vestido e histérico saiu as ruas no segundo caso, enquanto no primeiro foram milhões às ruas. O crime real de Lula e Dilma era, como sempre foi, a tentativa de inclusão popular. Como vimos, o rombo de 40 bilhões de reais de Lehmann nas Americanas também não provocou alvoroço e mal foi discutido na mídia. Simples: isso não é corrupção para a classe média branca, mas sim negócio e esperteza empreendedora. Corruptas são a elite e a classe média, uma vez que coniventes, mas a pecha recai apenas sobre o povinho mestiço e negro – que não é nem elite nem classe média e seus eventuais líderes. O tema da corrupção é a forma mais perfeita, portanto, de criminalizar somente o povo sofrido, mestiço, negro e pobre. Ou seja, aquilo que o racismo "racial" anterior fazia, comprovando seu papel social de "equivalente funcional" do racismo.

O tema da corrupção como traço fundante da identidade nacional "vira-lata" brasileira só serve para "moralizar" o racismo prático e a opressão social. Qual branquinho histérico não iria gostar de ver seu racismo contra o povo ser redefinido como defesa da moralidade pública? É apenas para isso que a farsa da corrupção serve: para garantir a exclusividade da elite e da classe média branca aos privilégios que as reproduzem como classes. O tema da corrupção só do povo pobre e negro é a perfeita reedição e continuidade do racismo "racial" anterior, apenas se vestindo, agora, com as cores reluzentes da moralidade.

Toda essa epopeia é paulista. Foi urdida em São Paulo, primeiro com o think tank da elite de então no IHGSP, produzindo a suposta excepcionalidade paulista. E, logo depois, na USP,[12] construída pela própria elite paulista para disseminar as novas ideias elitistas disfarçadas de crítica social. Até hoje, essas ideias envenenadas são dominantes em todas as

---

12 Jessé Souza, *op. cit.*, 2022c.

universidades brasileiras – que se criaram todas sob o modelo da USP. Com sua disseminação pela mídia e pela indústria cultural, forma-se, desde cedo, a "cabeça" de todo brasileiro com essas ideias envenenadas.

Muitos não percebem a importância das ideias na vida social, inclusive, entre os intelectuais. As pessoas imaginam que as ideias ficam nas universidades e nos livros, enquanto a sociedade se rege por suas próprias regras. Nada mais superficial e enganoso. É apenas a ciência – ou, no caso, suposta ciência – que possui prestígio para definir o que é verdade e mentira, e, a partir daí, separar o justo do injusto. Foi a construção da identidade nacional proposta por Buarque que deu e dá material para todos os jornalistas, cineastas, dramaturgos e escritores para se pensar o Brasil. Cada um desses profissionais não produz as ideias que utilizam em suas criações, mas as retiram – como todo mundo – do tesouro de ideias produzidas pelos grandes intelectuais. Afinal, as ideias dominantes são sociais e determinam a percepção individual.

Aos poucos, a excepcionalidade paulista vai se tornando uma espécie de excepcionalidade da elite e da classe média branca, em todo o país. Esse movimento acompanha a predominância paulista em todas as áreas, com alcance agora nacional. Desse modo, não é apenas a elite de São Paulo que se julga "americana" e empreendedora, mas toda a elite nacional. Do mesmo modo, a classe média branca, de origem majoritariamente europeia, se expande de São Paulo para todo o Sul do Brasil tirando onda de europeia em um país cuja maioria é de mestiços e negros. Daí a expansão do orgulho europeu não apenas para as classes médias desses Estados, mas também para os pobres remediados e brancos do Sul e de São Paulo. Se 70% a 80% da população desses Estados, como vimos, possui ascendência europeia, então os pobres e brancos, muitas vezes com sobrenome alemão ou italiano, são, em suma, pobres. A classe média "real" não é maior do que 20% da população em nenhum lugar do Brasil. Assim, temos de 50% a 60% de pobres brancos na população dessa região.

E são pobres, visto que não tiveram os privilégios de herança e de capital cultural que a elite e a classe média "real" possuem. Ou seja, foram oprimidos como todas as classes populares. No entanto, eles se identificam com a elite e a classe média, seus algozes, de modo a auferirem uma distinção social positiva, supostamente racial e cultural, contra os humilhados e excluídos. Quem não compreende as razões de sua própria humilhação não pode se rebelar contra ela. Mas a humilhação cria a necessidade de sentir-se superior aos outros, de modo a garantir, não pela crítica, mas pela imitação dos "superiores", algum alívio da humilhação sentida de modo objetivo cotidianamente. Bolsonaro soube, como ninguém, fazer uso dessa carência – canalizando-a contra os mais vulneráveis: os pobres, os pretos, as mulheres e os gays. Vamos investigar, a seguir, as entrevistas que podem nos mostrar como isso acontece na cabeça do branco pobre, para depois analisarmos suas visões de mundo.

II. ENTREVISTAS: O BRANCO POBRE DO SUL E DE SÃO PAULO

F. Rössler

F. Rössler é da linhagem dos primeiros descendentes de alemães, vindos do Norte do Rio Grande do Sul, que colonizaram o oeste catarinense. Essa região viveu a Guerra do Contestado – que envolvia a eliminação dos antigos habitantes, indígenas e "bugres", das terras às margens da Estrada de Ferro São Paulo-Rio Grande, doadas pelo governo ao milionário americano Percival Farquhar, como compensação pela construção da ferrovia. Essas terras, que possuíam ocupação desde o século XVIII, tinham milhares de posseiros que cultivavam erva-mate e gado em cultura extensiva, os quais foram violentamente alijados de suas terras. Ao classificar as terras como devolutas, como se não fossem habitadas por ninguém, o próprio governo federal criou as precondições para o conflito.

A família de F. Rössler chegou ao local pouco depois da companhia colonizadora formada para desocupar a região – e que, inclusive, já havia "limpado a área" (na própria expressão de F. Rössler sobre o assassinato e expulsão dos indígenas e bugres que habitavam o local). F. Rössler conhece bem a história da colonização, e me diz que o massacre dos indígenas e bugres foi uma necessidade para limpar a terra e dá-la aos novos donos. Assim como os governo federal e estadual, a empresa de colonização comandada por brasileiros de origem italiana considerava os antigos habitantes animais, e, como dizia o avô de F. Rössler nas rodas de família: "O bugre é um bicho, e bicho a gente mata".

F. Rössler é brasileiro de três gerações, mas se declara "alemão". Na realidade, seu sobrenome alemão é da mãe, e não do pai descendente de poloneses. Uma nítida escolha racial e de pureza étnica. Ele e todo o ramo da família da mãe ainda se veem como alemães, apesar de estarem no país há mais de um século. Seu avô, citado acima, foi um fervoroso simpatizante do nazismo no Brasil, e F. Rössler guarda várias fotos dessa época. Essa é uma história contada, ainda hoje, com orgulho.

F. Rössler é subgerente de uma loja de materiais de construção em Concórdia, uma cidade marcada pelo domínio da empresa Sadia. Ele ganha 5 mil reais como subgerente da loja, mas assume posturas de quem pertence às classes do privilégio econômico ou cultural. A loja de materiais de construção pertence a dois tios, e todos moram nos três andares de cima da loja, que fica no andar térreo. F. Rössler mora em um quarto e sala no primeiro andar junto com primos solteiros, cada um ocupando uma unidade. Os dois andares de cima são ocupados pela família de cada um dos tios donos da loja.

Os primos solteiros são jovens e fazem faculdade – coisa que F. Rössler não fez. Com 18 anos, tentou universidades públicas de cidades vizinhas, mas não conseguiu passar. As universidades privadas eram muito caras para ele. F. Rössler "racionaliza" sua posição de desvantagem objetiva pela falta de estudos dizendo que a "vida prática" no trabalho ajuda muito mais do que os estudos na universidade. Ele queria

▼ **Mapa demográfico de cor ou raça predominante por município**
Ocupação territorial do Brasil segundo as maiorias raciais.

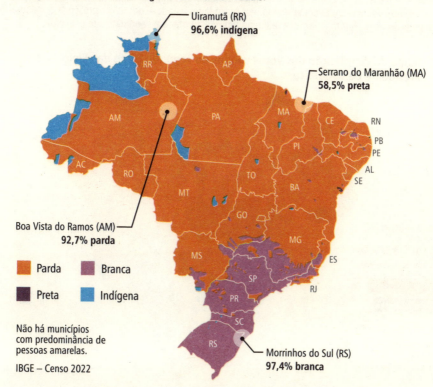

▼ **Distribuição da população residente em percentuais por cor ou raça, segundo as grandes regiões e o estado de São Paulo**
Além dos estados do Sul, o estado de São Paulo é o único do país em que há maioria populacional autodeclarada branca.

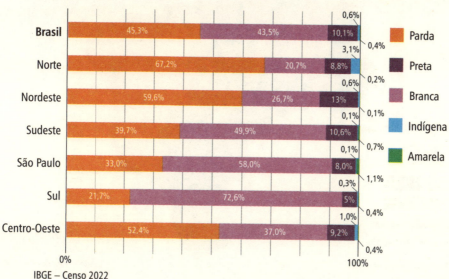

Quando comparamos o mapa demográfico de cor ou raça e o mapa da distribuição dos votos, vemos algumas áreas coincidentes. Os estados de maioria populacional branca tendem a votar em candidatos de direita e extrema direita. Por outro lado, estados com maior presença percentual de população negra (preta e parda) e indígena tendem a votar em candidatos de esquerda.

▼ **Mapa da distribuição dos votos válidos no segundo turno das Eleições 2014 – Presidente da República**

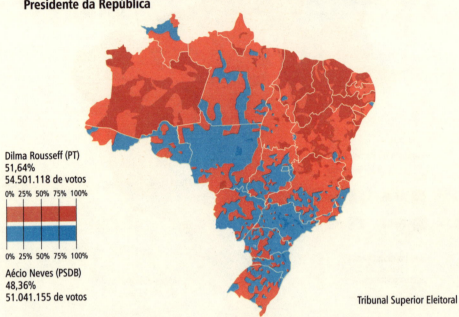

Dilma Rousseff (PT)
51,64%
54.501.118 de votos

Aécio Neves (PSDB)
48,36%
51.041.155 de votos

Tribunal Superior Eleitoral

▼ **Mapa da distribuição dos votos válidos no segundo turno das Eleições 2018 – Presidente da República**

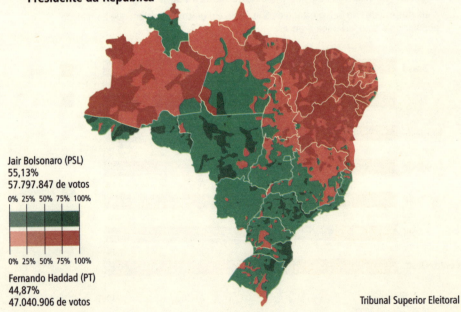

Jair Bolsonaro (PSL)
55,13%
57.797.847 de votos

Fernando Haddad (PT)
44,87%
47.040.906 de votos

Tribunal Superior Eleitoral

▼ **Mapa da distribuição dos votos válidos no segundo turno das Eleições 2022 – Presidente da República**

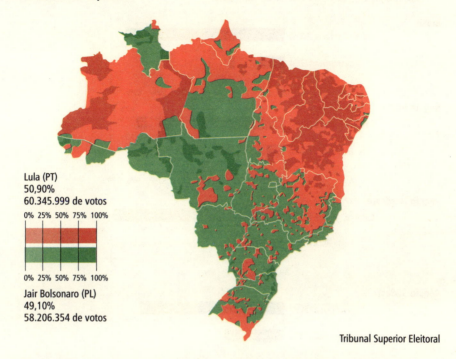

Tribunal Superior Eleitoral

▼ **Distribuição percentual da população por grupos de religião**

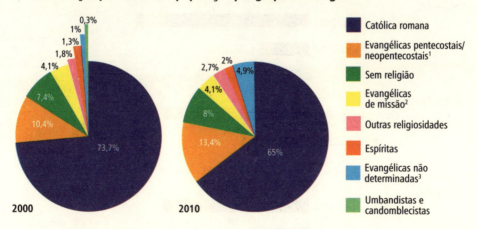

[1] Assembleia de Deus, Congregação Cristã, O Brasil para Cristo, Evangelho Quadrangular, Universal do Reino de Deus, Casa de Bênção, Deus é Amor, Maranata, Nova Vida, Comunidade Evangélica, evangélica renovada não determinada e outras evangélicas de origem pentecostal.

[2] Luterana, presbiteriana, metodista, batista, congregacional, adventista e outras evangélicas de missão.

[3] Outros grupos evangélicos.

IBGE – Censo 2000 e 2010

▼ **Distribuição percentual da população por grupos de religião e cor ou raça**

Os gráficos a seguir apresentam a composição racial das religiões católica e evangélica no Brasil, nas grandes regiões e no estado de São Paulo.

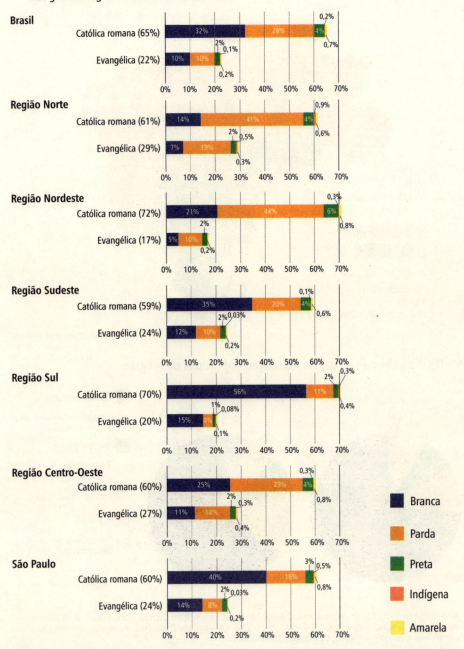

Os percentuais de Brasil são calculados de acordo com os números totais de contagem da população. Os números percentuais das grandes regiões são calculados de acordo com a contagem total da população de cada região. Assim como os percentuais do estado de São Paulo são calculados de acordo com a contagem total da população do estado de São Paulo. Os números percentuais inteiros são aproximados para facilitar a leitura dos dados.

IBGE – Censo 2010

ser administrador de empresas, mas tinha péssimas notas em matemática e isso condicionou seu insucesso nas provas de admissão.

Tendo entrevistado F. Rössler duas vezes no seu ambiente de trabalho, pude testemunhar coisas interessantes. A caixa da loja era chamada por ele de "bugra", como os descendentes de indígena são conhecidos no Sul do Brasil – embora dito sem agressividade explícita, quase como se fosse carinhoso, na verdade passava um tom de desprezo evidente. Tive oportunidade de perguntar à caixa, que se chamava Clarice, se o apelido lhe incomodava, ao que ela me respondeu: "Nem me incomodo mais com isso. É como todo mundo me chama por aqui".

No dia da primeira entrevista, soube, por intermédio de Clarice, que F. Rössler havia tido problemas também com um faxineiro haitiano (uma espécie de encarregado geral de limpeza da loja). Segundo ela, F. Rössler dava broncas e gritava com o rapaz todos os dias. Até que o rapaz apareceu acompanhado de amigos, que cercaram F. Rössler e quase bateram nele. O faxineiro terminou despedido por justa causa. Clarice explica que os episódios constantes de racismo contra os haitianos em Concórdia – que vieram para cobrir a falta de mão de obra na cidade – fizeram com que criassem grupos de homens para se defender.

Quando perguntei a F. Rössler sobre o fato, ele me respondeu do seguinte modo: "Eu não sou racista, tenho amigos e empregados negros. Agora, que os caras são lentos e sem disciplina, isso é inegável. A nossa tradição[13] é a do trabalho e da disciplina. O cara não é pior porque é negro, ele simplesmente teve outra cultura e assimilou isso."

"Como assim 'cultura'", perguntei. "Cultura é o que se aprende em casa, e eu aprendi a ser trabalhador e disciplinado. A cultura negra é a da festa, da dança, da preguiça e do barulho, não do trabalho", F. Rössler define. Eu aproveito e pergunto quais são os valores principais dessa tradição cultural a que ele se refere. Ele me diz que são os valores da honestidade, do trabalho e da família. E acrescenta: "Onde quer que se

---

13 Ou seja, a tradição alemã, na cabeça dele.

tenha essas três coisas juntas, o lugar pode ser um país ou uma cidade, ele vai se desenvolver", e cita o caso da própria cidade de Concórdia como comprovação empírica do que afirma: "A cidade é pequena, mas é limpa e bem-cuidada, e a economia vai de vento em popa."

Em seguida, perguntei por que as condições de vida dos negros e dos nordestinos são tão precárias e desiguais. O "culturalismo" de F. Rössler se reafirma: "A cultura do negro, basta ver o carioca e o baiano, é mais de se divertir e não do trabalho. Isso é bom para o carnaval, mas não para a vida do dia a dia. Depois começa a fazer filho e aumentar a *schwarzelei* ['negrada', em alemão da região] para conseguir uma 'bolsa preguiça' do governo." No entanto, curiosamente, F. Rössler acha que o negro pode ser ensinado a trabalhar, coisa que ele não acredita ser possível para aqueles sobre os quais deixa recair seu julgamento mais severo: os nordestinos e os "bugres".

Para F. Rössler, os nordestinos e os "bugres" – odiado há séculos na região do oeste catarinense – são a "praga" do Brasil.

Não me entenda mal, eu já fui ao Nordeste de férias e sempre fui bem tratado. O problema não é esse. O que me dá raiva é o hábito das pessoas de lá de viver à custa dos outros. *O Sul e o Sudeste produzem as riquezas – isso todo mundo sabe – e os nordestinos se aproveitam de uma riqueza que eles não contribuíram. Tudo para viver à custa do esforço do trabalho dos outros. Os "nordestino" só fazem filho para poder receber do governo, não tem o sentido de família, me entende?*

"Você fala do 'Bolsa Família'"?, perguntei.

Sim, claro, mas não é só isso. Por que alguns têm tanto privilégio e outros não? Cadê a recompensa para quem trabalha duro e não tem a ajuda de ninguém? Não me entenda mal. Não tenho nada contra o povo de lá. Como disse, acho bom ir lá de férias, o povo é simpático, sabe receber o forasteiro. Mas eu queria poder entrar um dia no Nordeste de passaporte, entende?

"Como qualquer europeu?", perguntei. "Sim, como qualquer europeu ou estrangeiro", F. Rössler responde, de pronto.

Você acha que as escolhas políticas dos nordestinos prejudicam o resto do Brasil?

É que lá tem a coisa de obedecer ao político, entende? Se a pessoa te dá uma cesta básica e uma prótese dentária, você vota nela seja lá quem for. Quando digo que quero passaporte para ir ao Nordeste, é que quero aproveitar as coisas boas de lá, como as comidas e as praias, sem que seja o nordestino quem diga quem vai comandar o país, entende?

Você está se referindo ao voto dos nordestinos nas últimas eleições que elegeram o Lula?

Não só nas últimas, mas em todas as eleições que me lembro. É só dar alguma vantagem para eles que eles passam a te seguir como um cãozinho. Foi isso que o Lula fez. Como nordestino, ele sabia como levar o povo no bico. Mas eles não pensam no país, só pensam neles próprios. É como esses "bugre" aqui da região, de vez em quando você vê um bugre de camionete nova, comprada com financiamento que deveria ir para a criação de porco e frango. É por conta disso que o país não vai para frente como os outros. Tem sempre o camarada do almoço grátis para atrapalhar.

Você já teve problemas com os "bugres"?

Sim, já tive. Já quiseram me obrigar a botar meus filhos na escola junto com "os filho de bugre", e nos organizamos contra isso. Não é o tipo de influência que quero para meus filhos, e um pai tem o direito e o dever de proteger sua família. O PT governou Concórdia de 2001 a 2016 e só fez ruindade, como a escola misturada por pura demagogia. Para mim, o maior problema é o PT e a demagogia que eles fazem. Aqui na minha casa ninguém usa camisa vermelha. Nem na loja também, funcionário meu não usa vermelho. Se usar, eu demito.

F. Rössler, você votou no Bolsonaro?

Sim, nas duas eleições. Eu não digo que ele é perfeito. Ele errou na pandemia, por exemplo. Eu mesmo perdi amigos e familiares quando ficou todo mundo sem vacina. Tive covid e passei três dias muito mal, quase fui entubado. Quando pude, me vacinei, ao contrário do povo mais jovem daqui, que não se vacinou. Então não acho que tenha sido tudo bom. Mas ele é diferente dos outros políticos. Pode errar, é verdade, mas é sincero e diz tudo o que pensa, e não tem medo de apontar o que está errado. Agora, que tem uma campanha da mídia contra ele, isso tem. E isso é porque ele toca nas coisas que ninguém quer falar por medo. Ele é político diferente dos outros, e é isso que gosto nele. Ele fala como a gente aqui. Acho ele parecido com a gente. É um dos nossos. E tem a defesa da família, que é o principal. E não sou só eu que me identifico com ele, 90% da comunidade daqui é Bolsonaro.

Você é religioso?

Eu sou da Igreja Batista. Meus avós são luteranos, mas hoje em dia ninguém mais jovem aqui é luterano. Aqui é tudo pentecostal, batista ou Universal. Os luteranos que restaram têm todos mais de 70 anos. O que me importa em uma igreja é a proteção da família e a certeza de que vamos passar nossos valores para os nossos filhos.

Uma última pergunta, F. Rössler. Quando entrei em Concórdia, vi uma grande placa na entrada da cidade que dizia: "Bolsonaro não rouba nem deixa roubar." Você acredita nessa frase?

Olha, acredito, sim. Ninguém pode negar a roubalheira do PT *no governo. Todo mundo viu e muitos parecem ter esquecido, mas eu não esqueci.*

Agora, para criar confusão, a mídia quer fazer todo mundo acreditar que Bolsonaro também é corrupto. Mas nada ficou provado contra ele como ficou provado com o Lula e o PT. É sempre assim, quem tenta mudar o país para melhor vai receber campanha da imprensa contra, vai ter juiz contra para que tudo continue como sempre foi. Eu acho que tem uma armação da imprensa e do STF para desmoralizar o Bolsonaro.

Marcelo

Marcelo é gaúcho e morador de Porto Alegre. Marcelo é branco, forte e musculoso, alto e com rosto de traços finos. Marcelo, ao contrário da maioria das pessoas analisadas aqui, nasceu na classe média estabelecida, ou seja, na classe média "real" – e não no faz de conta da "nova classe média" –, tendo a sua mãe um bom salário como oficial de justiça do Rio Grande do Sul.

Embora nosso tema seja em especial os brancos pobres, as trajetórias de decadência social, como a de Marcelo, que implicam a impossibilidade de reproduzir a trajetória dos pais e da geração anterior, também nos interessam. Elas também provocam ressentimentos, raivas e desorientações que são importantes para nosso tema neste livro. Afinal, apesar da origem distinta, essas pessoas agora ocupam um lugar muito próximo no espaço social em relação aos pobres remediados que estamos estudando.

Marcelo cresceu sob os cuidados da mãe, que se separou do pai muito cedo. Ainda que, hoje em dia, Marcelo se encontre com o pai de vez em quando, ele foi ausente na educação do filho. Como filho único, Marcelo teve todos os cuidados de sua mãe, inclusive com acesso a boas escolas particulares de Porto Alegre. Nunca foi um bom aluno, mas se destacava nos esportes, sobretudo no futebol, tendo jogado no time juvenil do Grêmio. Seu desejo juvenil de ser jogador de futebol não se concretizou, já que foi reprovado no funil do Grêmio para a profissionalização. Sua opção seriam os times menores do interior – de quem teve convites que, no entanto, não o animaram.

Depois de reprovado nos vestibulares para direito nas universidades públicas de Porto Alegre, Marcelo foi aceito em uma universidade privada, a PUC de Porto Alegre. Marcelo levou a universidade do mesmo modo como levou toda sua vida escolar anterior: estudava apenas o suficiente para passar. Ainda assim, teve que repetir matérias, o que fez seu curso demorar mais do que o esperado. Aos 23 anos, quando termina a faculdade, Marcelo se dedica a um mestrado em economia, agora já trabalhando para ajudar a pagar a universidade. É nessa época que surge a ideia de montar um bar junto com outro amigo. A coisa não vai para a frente, e depois de dois anos de muita dificuldade, os sócios decidem fechar o negócio.

Aos 25, com mestrado concluído, mas sem inserção no mercado, Marcelo tenta realizar seu antigo sonho de entrar para a Polícia Federal por meio de concurso público. Importante ressaltar que a sua mãe lhe garantia o privilégio máximo para qualquer jovem de classe média no Brasil: Marcelo podia apenas estudar sem se preocupar com a subsistência. Depois de várias tentativas sem sucesso, Marcelo decide fazer concurso para agente penitenciário, e é aprovado. Não era o seu sonho, mas pelo menos tinha um emprego. Isso o permitiu alugar um pequeno apartamento com sua noiva, Donatella Gimenez, que faz pós-graduação em direito e é estagiária em um grande escritório, ganhando 1.500 reais por mês.

Marcelo me confidenciou que, somando todas as horas extras que faz, ganha cerca de 4 mil reais mensais como agente penitenciário, o que faz dele um pobre remediado no sentido que estamos desenvolvendo neste livro. Seu capital econômico e cultural o exclui da classe média branca estabelecida, à qual a sua mãe pertencia. Ou seja, sua realidade o insere em uma trajetória social de decadência – destino de muitos brancos pobres no Sul do país. O caso de Marcelo não é isolado. Ele me disse que a maioria de seus amigos não conseguiu, assim como ele, reproduzir as trajetórias sociais mais bem-sucedidas da geração anterior.

Marcelo se envergonha do seu emprego atual e não desiste de seu sonho de se tornar policial federal. No entanto, as reprovações se repetem já há vários anos. Ele começa a se acostumar com seu destino. Ele me disse, em tom não muito convincente, que se o emprego atual é o emprego de sua vida, então "que seja". Mas a mãe, segundo ele, não o deixa "desistir de seus sonhos". A mãe é a grande figura de inspiração para o filho. Aposentada aos 50 anos, possui um bom rendimento que a permite "viajar o mundo" e pôr suas histórias e suas fotos em um grupo no Instagram voltado a dicas de viagem. Esse grupo é o interesse principal da mãe.

Quando minha conversa com Marcelo – depois da confiança gerada no diálogo introdutório sobre as generalidades da vida familiar e escolar – passa ao tema da política e dos preconceitos sociais, ele não esconde suas opiniões sobre nenhum assunto. Ao tocar no tema do racismo, sua resposta foi muito interessante. Marcelo me disse que ele, ao contrário da mãe, que é abertamente racista – tendo dissolvido a relação com uma amiga querida de muito tempo depois que ela se casou com um homem negro –, não se considera racista. Ainda que ele concorde com a mãe quando ela afirma que: "A polícia tem que subir o morro matando todo mundo, mesmo", Marcelo não percebe o racismo de raça e de classe que esse tipo de fala envolve. Para ele, se não houver referência explícita à negritude das pessoas atingidas, não significa racismo. Vemos aqui a eficácia das máscaras que o racismo "racial" assume para continuar vivo. O bordão "bandido bom é bandido morto" é o substituto do "negro bom é negro morto".

Para Marcelo, o Brasil não é um país racista (mesmo reconhecendo o racismo da mãe). Como prova, ele me relata que, em uma estadia no Rio de Janeiro visitando um familiar, foi correr no parque Guinle – um conhecido parque em Laranjeiras – e viu um homem negro "cagando", e se surpreendeu por ninguém ter dado uma surra no sujeito. Ele explica que, em Porto Alegre, o homem negro teria apanhado muito. Para ele, isso demonstrou a ausência de racismo no país.

Na verdade, para Marcelo, o racismo é científico. Os brancos têm uma curva de inteligência maior do que a dos negros, assim como os amarelos a teriam maior do que a dos brancos, mas os negros são melhores no esporte e em tudo o que se refere a atletismo. É como se cada "raça" tivesse pontos positivos e negativos, sem que isso signifique racismo contra uma raça específica. Marcelo esquece, obviamente, que as características do branco – e do amarelo, para ele – são virtudes do "espírito", conforme definido por Immanuel Kant: inteligência, moralidade e capacidade estética que nos aproxima do divino na natureza humana. Ao negro, sobraria excelência nos atributos corporais – mostrando sua animalização, já que o corpo, e suas emoções e virtudes ambíguas, nos aproximam do reino animal por oposição ao "divino". E, como já exposto neste livro, destituir alguém de sua humanidade é a operação fundamental de todo tipo de racismo.

Esse tipo de esquema de explicação perpassa toda a visão de mundo de Marcelo. Ele é, por exemplo, contra o voto universal, por considerar que as pessoas sem estudo não entendem de política – elas ou não deveriam votar, ou seus votos deveriam valer menos. Ele me pergunta: "Você deixaria que alguém que não fosse médico te operasse? É a mesma coisa no caso do voto de quem não tem formação." Em seguida, olha para mim com cara de vitória, como se acabasse de formular um argumento definitivo e acima de qualquer dúvida.

Sua concepção de sociedade é meritocrática e assume que o mundo atual é o melhor dos mundos possíveis. Para ele, o capitalismo é a repetição mais perfeita da ordem das coisas. "É assim que as pessoas são", diz, referindo-se ao egoísmo, que seria o dado mais importante do progresso social na medida em que "impulsiona as pessoas para frente". E completa: "Quem mora na rua é porque quer." Afinal, para ele, quem quiser – de verdade – melhorar de vida, consegue. Como exemplo, cita o caso de uma faxineira conhecida que, segundo ele, é quem alimenta os filhos e compra, inclusive, móveis novos para a casinha modesta.

Quando perguntei se tinha raiva de pobre, ele me respondeu que respeita o pobre que se esforça a ponto de subir na vida: "Quem continua pobre é porque é preguiçoso e não gosta de trabalho." E logo lança sua crítica às cotas em universidade. Para Marcelo, as cotas não são inclusivas, uma vez que discrimina o branco pobre. Quando fiz referência às cotas sociais por escola pública, que abrangeria todas as "raças", ele me retrucou dizendo que fora do Rio Grande do Sul existem poucos brancos nas escolas públicas – a maioria é negra ou mestiça, o que, em sua visão, corrobora seu argumento de que cotas são sempre raciais e injustas.

Apesar de já ter recorrido ao SUS várias vezes, Marcelo é também defensor do Estado mínimo. Como estudou economia, afirma: "O mercado é melhor regulador da vida social porque sempre privilegia quem merece." Para ele, o Estado entra sempre para atrapalhar e evitar a livre competição de todos contra todos, prometendo "almoço de graça" para alguns escolhidos, em especial os pobres, sempre com fins eleitoreiros e políticos.

Como a sua mãe, Marcelo primeiro tendeu a votar, em 2018, em Amoedo – o político até hoje mais admirado por ela. Os dois se encantaram com a "nova política" e com as teses hiperliberais. No entanto, logo depois da "facada", decidiu apoiar Bolsonaro e se manteve fiel até hoje, sem jamais titubear. Não acredita na imprensa "elitista" que fala mal de Bolsonaro e, como pude observar no dia da entrevista, a TV de casa está sempre ligada na Jovem Pan.

A conversão ao bolsonarismo se deu a partir da percepção de que Bolsonaro encarnaria duas coisas importantes para ele: o liberalismo sem peias, simbolizado na escolha por Paulo Guedes e o discurso do armamento da população. De início, como me falou, tinha desconfiança de Bolsonaro por esse ser "estatista", já tendo, no passado, votado contra a privatização da Petrobrás. Mas o quadro de guerra política de 2018 o fez reconsiderar tudo a ponto de se tornar um apoiador acrítico, racionalizando contrabando de joias e "rachadinhas". Para Marcelo, existe um plano articulado pela imprensa para manchar a imagem da família Bolsonaro.

Embora não seja evangélico, admira a bandeira moralista, como, por exemplo, no caso do aborto. Esse ponto é interessantíssimo, já que o próprio Marcelo me confessa que já havia feito, ele próprio, aborto em três mulheres que haviam engravidado dele. Segundo ele, basta dar dois comprimidos: um pela boca e o outro pelo ânus. Sua explicação da óbvia contradição não deixa de ser reveladora: para Marcelo, o que se deve evitar é a existência de uma lei permitindo o aborto, pois isso apenas aumentaria a sua prática. Afinal, quem precisar pode fazer em casa "com segurança".

Mas o ponto alto da admiração por Bolsonaro – que se tornou incondicional – é mesmo o discurso "bandido bom é bandido morto". Marcelo só anda armado fora de casa. Em casa, guarda a arma em cima da mesa de TV: um revólver prateado, de grosso calibre, que nos observava atento durante toda a nossa conversa. Apesar de gentil e educado comigo, a figura de Marcelo é assustadora de tão forte e musculosa. E ele não hesita em usar da violência quando acha necessário. No dia da segunda entrevista, realizada no final do dia, ele me contou que tinha dado um "tapão" na cara de um estuprador algemado, que teria rido para ele. A pancada nos presos é parte da vida diária, Marcelo diz que é a única maneira de se lidar com esse tipo de gente e ser respeitado.

Ainda que não goste do serviço e reclame do salário, ele tem parceiros no trabalho. Toda semana, no seu dia de plantão, faz um churrasco com os amigos agentes penitenciários na cadeia. Eles levam a carne, o equipamento e fazem uma churrascada a noite toda. Ele me conta aos risos, como se fosse muito engraçado, que, quando o cheiro da carne sobe para as galerias onde estão os presos – muitos com fome e sem comer carne há dias ou semanas –, a cadeia toda é tomada por gritos, protestos e revolta geral. É uma tortura explícita que o grupo de amigos faz de bom grado.

Quando o barulho da indignação fica muito alto e dura muito tempo, os agentes jogam mangueira de água gelada nos presos, mesmo no frio inverno porto alegrense. Apesar de tudo, o churrasco semanal noturno é uma grande alegria e motivo de comemoração. Em meio a gritos lancinantes, o churrasco e as risadas entre os amigos duravam horas e, às vezes, a noite toda. Como não acredita na regeneração dos presos – para ele, todos saem piores –, Marcelo considera que esse tipo de punição, como agressões violentas a presos indefesos ou a tortura da carne sendo assada lentamente, seria o único meio de fazê-los pagar pelo mal que fizeram. Ele me deu a impressão de que, se morasse no Rio de Janeiro, seria um miliciano assassino sem sentimento de culpa.

R. Kühn

R. Kühn é filha mestiça de pai alemão e de mãe brasileira, negra e baiana de família pobre. A família do pai era altamente preconceituosa. A avó dizia sempre: "Ainda bem que os filhos do pai descendente de alemães nasceram brancos, apesar da mãe negra." A exceção foi R. Kühn, que seria percebida como uma "mulata clara" fora do Sul do país.

Como R. Kühn me confirma, ela é percebida como branca em todo o Brasil, exceto no Sul, afinal possui cabelos longos e lisos, que é o dado mais importante para a percepção da branquitude no país. Ela sentiu preconceito na escola o tempo todo. Como era tudo em tom de brincadeira, ficava difícil se defender, e a única saída possível era fazer de conta que não era sério. Ela procurava aprender a "levar na brincadeira".

Quando ela se aproximava, os amiguinhos diziam coisas como: "Lá vem a escuridão." Como havia muitos descendentes de italianos na escola, os meninos cantavam uma música em italiano que, em tradução para o português, dizia: "Cão, corvo, sapo e negro é tudo a mesma coisa." Se havia uma pequena disputa ou discussão, então a coisa ficava mais séria e agressiva. Era comum ouvir falas do gênero: "Volta para a senzala, negra do diabo".

O POBRE DE DIREITA

A avó paterna, figura proeminente na família, não a tratava mal, mas a tratava de modo diferente dos netos brancos "puro sangue". Tudo isso fez com que R. Kühn se sentisse "um estranho no ninho" durante toda a vida. Parecia que a vida não havia sido feita para ela. O fato de ser negra, mulher e ainda namorar mulheres em uma cidade pequena, fez com que ela adotasse uma posição defensiva e reativa a vida inteira. R. Kühn via no estudo uma maneira de ficar livre disso tudo. Sempre foi boa aluna, conseguiu se formar em Jornalismo e seguir a profissão. Ela me diz: "Sou uma das únicas mulheres negras a trabalhar em um jornal importante de Chapecó." Ela reflete sobre a forte onda de preconceito que existe na cidade e no Estado.

Não é só contra o negro, o pessoal do Nordeste também é visto como preguiçoso e aproveitador. Com os negros é pior. Como jornalista, eu tive que cobrir uma reportagem sobre os haitianos que haviam sido convidados a trabalhar aqui – existem milhares de vagas abertas em toda a região, que tem pleno emprego, daí a necessidade de importar trabalhadores. E eles, no começo, me disseram que simplesmente não entendiam os maus-tratos da população e da polícia contra eles. Era uma realidade que eles não tinham no Haiti.

Mas o preconceito "regional" contra os nordestinos também é muito forte. É como se a culpa de tudo fosse do nordestino que não trabalha e é sustentado pelo trabalho do Sul. Vamos separar o Sul do resto do Brasil, porque é o Sul quem mantém o país dos preguiçosos – Chapecó, ao contrário, assim como Santa Catarina, é a capital do trabalho!

Mas o pior, para R. Kühn, é o preconceito arraigado contra ela na própria família: "Por conta da minha opção de fumar um baseadinho, meus tios já invadiram a minha casa e me bateram. Mas veja só: todo mundo sabia que meus tios haviam sido viciados em cocaína por muito tempo. Por que a perseguição comigo?"

Ela não tem dúvida de que a razão profunda é ela ser "mestiça" e lésbica. Existem dois tios, em especial, que quando se embebedam – o que é comum – agridem R. Kühn verbalmente e, em duas ocasiões, agrediram fisicamente. Uma das vezes ela foi empurrada de uma escada e caiu, se machucando de forma séria. Já levou tapas e até uma tentativa de estrangulamento de um dos tios. Ela me conta que enquanto um tio estava apertando seu pescoço na tentativa de estrangulamento, ela pedia, em desespero, ajuda ao outro tio – que nada fazia, apenas assistia e aprovava. Foi necessário que viessem as irmãs e tias, que ouviram a briga e os gritos, para tirarem o tio de cima dela. O motivo foi o cheiro de um baseado que ela acendeu em casa para relaxar.

Receber tapas na cara dos tios era comum a cada briga. Como todos moravam em um único prédio em cima da casa de ferragens da família, o convívio era íntimo. A família inteira morava num prédio de quatro andares com a loja do avô no térreo. Um esquema muito semelhante ao de Felipe em Concórdia, que já examinamos algumas páginas antes. A empresa familiar no térreo era uma loja de secos e molhados, e depois virou uma casa que vende ferramentas. Todos trabalhavam com o avô. Com o tempo, só a mãe de R. Kühn permaneceu, e os tios abririam lojas próprias.

Para que as agressões ocorressem, bastava que R. Kühn pegasse o carro do avô – que ninguém mais usava, de tão velho – para resolver alguma pendência. Então os tios a xingavam de "aproveitadora de idoso", embora o próprio avô permitisse que a neta usasse o carro. R. Kühn me conta que, no contexto da família, ela se sentia de direita porque não queria ser excluída. A pressão familiar era enorme nesse sentido. Mas a partir do impeachment de Dilma, que R. Kühn achou vergonhoso, começou a mudar e a articular uma nova identidade política. Isso a ajudou também a assumir sua sexualidade, já que para a agradar a família havia tido namorados na adolescência. Tendo se tornado de "esquerda", lésbica e "maconheira", e já sendo "negra", morar com a família ficou insuportável.

O POBRE DE DIREITA

R. Kühn deixou sua pequena cidade no oeste catarinense há alguns anos, e hoje mora em Chapecó, onde divide um pequeno apartamento de três quartos com duas amigas. As duas cidades, como toda a região, têm um ambiente social e político muito semelhante. Em Santa Catarina, como no Sul inteiro, diz-se que eles são imigrantes – ou seja, europeus e não brasileiros. Para R. Kühn, essa crença é a mais importante fonte de orgulho das pessoas em todo o Sul do país: "Já andei por vários lugares do Sul, como o norte do Rio Grande do Sul e o interior do Paraná, na minha atividade de jornalista. E o ambiente é o mesmo, com poucas mudanças. Aqui é difícil achar uma pessoa que pense diferente". Mas elas existem, a exemplo do seu atual chefe no jornal. Ele não é de esquerda, mas não admite qualquer comentário racista ou sexista no ambiente de trabalho. E foi a possibilidade de trabalhar com ele o principal motivo dela ter ido morar em Chapecó.

A bisavó "alemã" de R. Kühn, uma senhora ainda lúcida e rija de 94 anos, foi visitá-la um dia, e saiu dizendo que a casa de R. Kühn "parecia casa de negro", porque o espaço estava desarrumado e com roupas jogadas em muitos lugares. R. Kühn, no entanto, percebe claramente o que está por trás do racismo: "O discurso racista empodera as pessoas, faz elas sentirem que são melhores do que outras."

Um dos seus tios é agora vereador pelo PL em Concórdia, o partido que, com o PSDB, controla a cidade. O discurso do tio tem como objetivo criar o que R. Kühn chama de "pânico moral". Ele cria pânico moral para culpar nordestinos, por exemplo, por badernas à noite no final do turno do frigorífico da BRF às 3h da manhã. Como alguns vão tomar uma cerveja com os colegas antes de irem dormir, o tio apregoa que a cidade está à mercê de "baderneiros". As outras vítimas são os haitianos, que foram chamados para trabalhar numa cidade com pleno emprego e falta de mão de obra. As terceiras vítimas são os moradores de rua, um fenômeno recente na cidade. Para o tio, não pode ter morador de rua nem pessoas pedindo no sinal. É preciso "limpar" a cidade. Segundo R. Kühn, a articulação PL e PSDB, atendendo a essa forma de apelo, destruiu o que havia sido feito pelo PT até 2016 – como escolas, postos de saúde e parques nas regiões carentes. A parte europeia da cidade aprovou todo esse desmonte.

Matheus

Matheus é advogado e tem trinta anos. Quando no começo da entrevista eu contei a ele que também estudei direito, mas que nunca advoguei, ele replicou: "É, tem advogado que foge da raia!", como se fosse uma questão de honra e não de escolha. Matheus nasceu em Santa Cruz, no Rio Grande do Sul, filho de uma pedagoga e de um veterinário tardio, que se formou mais tarde. A vida da família foi de muito trabalho e pouco dinheiro. Mas, ainda que com sacrifícios, os pais fizeram de tudo para Matheus estudar em escola particular e ter uma boa formação.

A história familiar é marcada pela carreira do pai como funcionário de escritório da BRF. Matheus morou em Santa Catarina, Goiás e Mato Grosso. Ele me conta que esse contato próximo com o agronegócio durante seus anos de formação forjou muito de suas convicções políticas atuais – Matheus afirma que o agronegócio é todo de extrema direita: "Isso me influenciou, mas não fui tanto por esse lado mais extremado. Eu sou de centro direita hoje, e liberal. Meu pai já é mais de acordo com o ambiente de trabalho dele."

Como o pai pagava com esforço sua escola particular, ele era muito exigente com Matheus e não queria que ele se divertisse quando adolescente. Esse sempre foi um ponto de discordância com o pai. Mas o maior problema foi o fato de Matheus ter descoberto, no final da adolescência, sua homossexualidade. O pai não se conformou por um bom tempo com a situação, e ponderava com o filho como isso podia pôr todos seus planos de uma carreira a perder. A mãe, de início, reagiu como o pai, mas logo ficou ao lado do filho, tentando fazer o meio-campo com o marido para aceitar o filho. Ele sempre foi mais próximo da mãe do que do pai. Hoje, no entanto, ele se hospeda com o namorado na casa do pai, sem problema algum.

Como sempre quis fazer direito, Matheus tentou e conseguiu um lugar na Universidade Federal de Pelotas, no Rio Grande do Sul. Matheus achou a universidade pública muito desorganizada e com uma turma heterogênea que vinha não apenas do interior do estado e da região Sul, mas também de todo Brasil. Já era o tempo do Enem e das cotas sociais e raciais. Ao contrário das escolas particulares em que estudou, Matheus reclama da falta de material para os estudantes e dos períodos longos de greve que marcaram o período no qual ele estudou lá. Isso vai reforçar suas ideias e concepções sobre a ineficiência, para ele inerente, de qualquer serviço público.

Um outro ponto que o incomodava era a discrepância de suas posições políticas com a dos colegas vindos de outros lugares do Brasil. Eram os agitados anos pré-impeachment – estudou na universidade de 2012 a 2016 –, e ele se torna um ferrenho opositor do PT e um apoiador de primeira hora da Lava Jato. A maior parte de seus colegas, no entanto, estavam no outro espectro político, e essa também foi uma experiência formadora para Matheus.

A principal frustração de Matheus foi a impossibilidade de cursar uma universidade privada, por falta de dinheiro. Seu desejo era sair de Pelotas para estudar direito empresarial na PUC-RS, que tinha bons professores na área. Seu objetivo era ser advogado de empresas em processos trabalhistas contra empregados. Teve que continuar em meio a "bagunça", como ele diz, da universidade pública em Pelotas.

Matheus estagiou em vários escritórios e se dedicou mais ao trabalho do que no estudo na universidade. Para ele, isso o ajudou a ter uma visão prática da advocacia. O estágio cobria a maior parte de suas despesas em Pelotas e o permitiu chegar ao final do curso em 2016. A dedicação de Matheus ao trabalho de estagiário se devia também ao fato dele procurar um escritório que pudesse contratá-lo depois de formado. Apesar das boas experiências e de sua dedicação, isso não aconteceu. Ele me explica o motivo: "Nos escritórios grandes, conta muito mais as relações familiares e com gente importante do que o trabalho que você faz." Ele trabalhava em um dos poucos escritórios grandes de Pelotas e, na hora que se formou, foi preterido por um filho de desembargador que caiu de "paraquedas", como ele me disse, no escritório onde nunca tinha pisado o pé.

Foi aí que decidiu fazer o concurso para técnico judiciário em Curitiba, onde mora hoje. Matheus ganha cerca de 7 mil reais líquidos na vara em que trabalha. Continua sonhando em trabalhar como advogado de empresas, mas ele reconhece que, com o tempo, isso se torna cada vez mais difícil. A falta de relações sociais importantes – uma rede de contatos, crucial no campo da advocacia – é percebida por Matheus como o principal entrave para a não realização, até agora, de seu sonho de trabalhar num grande escritório de advocacia empresarial.

A paixão de Matheus pelo direito empresarial tem uma causa política. Matheus se define como liberal e acredita que a empresa é o modelo ideal para qualquer associação humana. Ele me diz que um país é tanto mais adiantado quanto mais se pareça com uma empresa – como ele acredita ser o caso dos Estados unidos. Isso parece condicionar o seu antipetismo na política, já que o Estado inchado seria o maior problema que enfrentamos.

Para ele, em qualquer área da vida social, a iniciativa privada é mais eficiente. Por conta disso, quanto menos Estado melhor. Estado significa, para Matheus, ineficiência e corrupção. Daí seu apoio à Lava Jato e ao impeachment de Dilma, em 2016. Pergunto se ele acha a corrupção o maior problema do Brasil, e ele me responde que sim, que foi algo que sempre existiu no país desde o começo da colonização, como se estivesse no nosso DNA, e acrescenta: "Hoje em dia, nós temos um sistema político que é muito sujo."

Como a maioria do povo brasileiro até hoje, Matheus acha que a corrupção é algo inerente apenas à política, e nunca aos negócios do mercado. Quando pergunto sobre as malas de dinheiro da JBS para Aécio e Temer, isso não o faz mudar de opinião.

O problema é sempre do político, porque se ele for honesto não vai ter a falcatrua. Todo mundo tem que ser honesto, mas especialmente o político, porque responde pelos muitos que votaram nele e mexe com o dinheiro público. O empresário, mesmo corrupto, faz isso com o próprio dinheiro e não com dinheiro alheio.

Apesar de perceber o Estado como a origem de todos os males, Matheus não advoga em favor da simples eliminação do Estado. Ele considera que, em países como o Brasil,[14] é preciso haver um pouco de Estado para combater a miséria.

Eu não me importo com a desigualdade, já que ela é inerente a toda sociedade, mas sim com a miséria, é ela que deve ser combatida. Os Estados Unidos são um país desigual, mas isso não tem problema, porque os pobres de lá não são miseráveis como os daqui.

Aproveito a deixa e pergunto o que ele acha do Bolsa Família para combater a miséria. Matheus acha que o Bolsa Família é algo negativo, já que é um benefício para garantir o voto do pobre e manipulá-lo.

De início, eu gostava da obrigatoriedade de mandar o filho para escola, mas até isso se perdeu no programa. Pra mim, o Bolsa Família tinha que ser de, no máximo, cinco anos – até que as pessoas possam caminhar com as próprias pernas.

Sobre a maior parte das pessoas atendidas pelo programa serem nordestinas, para Matheus, isso se deve primeiro a diferenças geográficas –

---

14 Para ele, o Brasil fica a meio caminho entre um país como os Estados Unidos – seu modelo absoluto de sociedade – e os países africanos pobres.

como qualidade da terra e água para cultivo –, que depois se tornam uma "bola de neve", na medida em que a falta de educação e de recursos seriam consequência da determinação natural que se autonomiza. Matheus afirma: "Por conta disso, a situação do Nordeste é tão difícil."

Sobre a Lava Jato, Matheus é só elogios. Ele cita uma pesquisa que teria dito que 64% das pessoas acham que a corrupção aumentou depois do desmonte da Lava Jato. É radicalmente contra esse desmonte, e acha a Lei da Ficha Limpa algo fundamental, embora ele acredite que não é aplicada. Por conta de sua cruzada contra o Estado e o assistencialismo que o PT representaria, Matheus sempre votou contra o partido: "Se tiver qualquer coisa como alternativa ao PT, eu vou votar nessa alternativa".

"Em quem você votou para presidente?", pergunto. "Eu votei no Amoedo, em 2018, e em Felipe D'Avila, em 2022. Só no segundo turno, para evitar o PT, é que votei em Bolsonaro." Ele me disse ainda que não gosta de Bolsonaro porque não é uma pessoa que ele "contrataria" para sua empresa, se tivesse uma. E que, como não contrataria nenhum dos dois (Lula ou Bolsonaro) para ser o CEO de uma empresa, também não votaria de livre vontade neles. Eles não seriam, portanto, bons CEOs da Brasil S/A.

Em resumo, ele votou em Bolsonaro pelo perfil ultraliberal de Paulo Guedes, mas não gosta do estilo agressivo e preconceituoso de Bolsonaro – cita, como exemplo, as perseguições a gays e indígenas sob seu governo. Ao mesmo tempo, diz que a posição radical de Bolsonaro nesses temas tem a ver com o discurso meramente retórico do PT em defesa das minorias. Matheus acredita que não cabe ao Estado mexer nesse assunto, já que as empresas já fazem inclusão de minorias – inclusive de gays, negros e mulheres. Ainda que jogue a culpa pelo preconceito às minorias no colo do PT e de seu discurso retórico, ele ressalta que não votou em Bolsonaro no primeiro turno das duas últimas eleições por conta desse ataque às minorias.

Ele me diz também que a polarização já existia antes, e por culpa do PT: "Foi o PT que inventou aquela história do nós contra eles e, com isso, conflagrou o país." Em seguida, me confessa que o antipetismo une toda a sua família no campo da direita e da extrema direita. A maior parte da família foi do PSDB para o Partido Novo – que é o partido com o qual ele mais simpatiza –, e alguns direto para o colo de Bolsonaro. Matheus finaliza, relembrando a única exceção na família: "Eu tenho uma tia petista, mas dela eu gosto porque o discurso combina com a prática no caso dela".

Tiago

Tiago, 76 anos, me conta que sua vida familiar foi em Ribeirão Preto, em São Paulo, cidade onde nasceu. Seu pai natural abandonou a família – formada por ele, um irmão mais velho e a mãe. A mãe, uma mulher bonita, segundo ele, casou-se de novo com um grande empresário da região. Tiago tinha seis anos quando isso tudo aconteceu. A mãe teve dois filhos com o novo marido, e o grande problema de Tiago parece ter sido o fato de se ver preterido pelos irmãos do novo casamento.

Ele relata que sua infância e adolescência foram um grande esforço para merecer a atenção da mãe e do padrasto. Segundo ele, a mãe gostava mais do filho caçula do novo casamento, o qual também era o filho preferido do padrasto (pai biológico de Nuno, o caçula) – que costumava dizer, à mesa, que queria que Nuno guiasse os negócios da empresa. O padrasto era dono de várias fazendas na região onde se criava cavalos de raça para venda. Tiago conta que os cavalos eram, e ainda são, vendidos a peso de ouro. Também tinha diversas revendedoras de automóvel e tratores na região, e uma infinidade de bens imóveis em Ribeirão Preto e entorno. Esse tipo de tratamento era percebido por Tiago como uma injustiça, já que, por mais que quisesse angariar o afeto especial de padrasto e da própria mãe, nunca conseguia competir com os irmãos mais novos. Ele culpa mais a mãe por isso tudo, afinal, ele compreendia o fato do padrasto gostar mais dos filhos naturais.

Essa experiência parece ter sido definidora da personalidade de Tiago. Ele me conta que, enquanto os irmãos iam fazer – aos 16 ou 17 anos – cursos de um ano em Londres para aprender inglês em uma escola cara e com mesada alta, ele permanecia na cidade natal tendo uma vida comum e sem privilégios. Disse também que nunca teve as chances que os meios-irmãos tiveram. Era um sonho do padrasto que Nuno fosse político e empresário – segundo a opinião do padrasto, uma coisa ajudava a outra –, então Nuno era preparado com devoção. Quando o menino completa 17 anos, é mandado para Nova York para estudar administração de empresas e economia na New York University.

Nessa ocasião, o padrasto de Tiago compra um pequeno apartamento para o filho caçula, bem pertinho da universidade – que fica no Village, no coração da cidade –, com uma linda vista de Nova York. Ele cita o fato para mostrar o esmero e a afeição do pai pelos filhos naturais – em especial o caçula –, que tiveram tudo o que quiseram. Tiago também culpa a revolta de se ver sempre sendo preterido pelo fato de ter sido um aluno medíocre na escola e na universidade.

Ao terminar a universidade particular de administração de empresas, ele almeja algum cargo de direção nas empresas do padrasto. Consegue, no entanto, apenas o cargo de gerente de uma revendedora de tratores. Tiago tinha 27 anos. O filho mais velho do segundo casamento, Enzo, tinha apenas 21 anos e ainda cursava administração na FGV, em São Paulo, quando o pai o chamou para ajudá-lo nas empresas da família. Mais um revés para Tiago.

Quando tinha 30 anos, um dos diretores denunciou um desfalque na empresa de tratores e apontou Tiago como o suposto autor da fraude. Como esse diretor era também o melhor amigo do padrasto, ou seja, tinha sua total confiança, Tiago perdeu o cargo de direção e nunca mais recebeu outra chance. Em vez disso, trabalhou em cargos intermediários nas empresas do padrasto até sua aposentadoria. Hoje, Tiago recebe cerca de cinco mil reais do INSS, e me diz que sua sorte foi seu irmão caçula ter deixado um apartamento do espólio do pai com ele, por decisão própria, já que ele não teria direito a nada quando o pai morreu: "Ele me livrou do aperto que seria pagar aluguel com o que ganho hoje."

Exceto o contato com o caçula Nuno, que o ajuda eventualmente a comprar remédios e pagar terapias, dado que Tiago foi diagnosticado com Parkinson em estágio inicial, ele não tem contato com mais ninguém da família, posto que, no episódio do desfalque, todos acreditaram no relato do diretor. Tiago adiciona um comentário significativo sobre todo esse caso: "Se eu tivesse feito o desfalque, teria sido uma reparação pela injustiça que sofri a vida toda." E acrescenta, com a ênfase de quem acredita no que diz: "Mas não fui eu que fiz!". Por alguma razão, não acreditei em Tiago nem na sua inocência.

Tiago é daquelas pessoas que culpam o mundo pelo próprio fracasso. Sua decadência não foi, de modo algum, pedagógica para ele. O que comanda sua ética de mundo é: independentemente do teor daquilo que ele faça, tudo é bom e justo por ser reparação das injustiças que sofreu. Aos 70 anos, o ressentimento de Tiago parece ter encontrado um canal de expressão no fenômeno político Bolsonaro. Quando respondia às minhas mensagens no WhatsApp para marcarmos as entrevistas, ele sempre me mandava um "joinha" feito pela figura do Bolsonaro com o polegar para cima e passando através de uma parede. Tiago mora sozinho desde o divórcio com a mulher, cerca de onze anos antes. Quase todo seu tempo é dispendido na internet, onde ele participa de vários grupos extremistas de direita.

O ódio pessoal a Lula é o traço mais evidente: "Esse cara é um atraso para o país. Imagina no exterior, todas as coisas que esse analfabeto faz? É uma vergonha para o Brasil inteiro!". Pergunto a ele o que tanto o desagrada em Lula. Ele responde, de bate-pronto: "Ele é ladrão, além de burro e analfabeto. Temos que tirá-lo de onde está – seja por bem, seja por mal". Em seguida, perguntei se ele havia se mobilizado para ir a Brasília no Oito de Janeiro, e o retorno foi: "Convidado eu fui, mas eu tenho quase oitenta anos e decidi me preservar."

Ele acreditou piamente na versão que diz que foram os militares – que covardemente arregaram na "hora h" – os responsáveis pela tentativa fracassada de golpe. Tiago continua: "Ainda bem que não fui. Convite tive muitos. Muita gente saiu de ônibus daqui com mantimentos para vários dias" – ou seja, tudo pago por gente ligada ao agronegócio da região. E finaliza o raciocínio dizendo que prefere fazer a sua parte pela internet mesmo.

Tiago passa a maior parte de seu tempo no computador, conversando e articulando nas suas redes de extrema direita. Um dos pontos mais representativos da personalidade de Tiago é ele acreditar que pobres e pessoas sem escolaridade superior não devem ter o mesmo peso eleitoral de quem tem boa formação. Ele me diz: "O ideal é que o voto de quem tem estudos valha pelo menos três vezes mais do que o do pobre preguiçoso que não aproveita as chances e oportunidades."

E não é apenas Lula o alvo do ódio. Tiago parece odiar qualquer pessoa das classes populares que tenha ascendido socialmente. Ele tem um namoro virtual com uma mulher de 61 anos, moradora de Natal, no Rio Grande do Norte, a qual conheceu nas redes de extrema direita. Os dois já se viram presencialmente duas vezes, mas o contato principal é pela internet. Tiago me mostra as trocas de mensagens com a namorada, e observo que a governadora do Rio Grande do Norte, Fátima Bezerra, é o ser mais odiado – depois de Lula, claro – pelos dois. Eles trocam memes o dia inteiro tirando sarro da herança indígena da governadora, e a acusando constantemente de tráfico de drogas e corrupção.

Ele diz que a namorada tem mais de 30 mil seguidores no Instagram e outros tantos no Facebook, e milhares de contatos no Telegram. Tiago se orgulha do sucesso da namorada e a incentiva a entrar na política. Ela já tentou ser vereadora por Macaíba, uma pequena cidade perto de Natal, onde nasceu. Segundo Tiago, ela perdeu por muito pouco, mas nunca mais quis tentar um novo cargo eletivo. Tiago me confessa que já teve ambições políticas quando mais jovem, mas que agora se acha velho para esse tipo de batalha: "Eu faço meu trabalho de casa, mesmo. Quando tem um evento político da direita na região também procuro ir, se estiver bem de saúde."

Pelo que pude observar vendo seu computador, o "trabalho" de Tiago é, exclusivamente, espalhar todo tipo de notícia falsa e dar credibilidade a elas. Ele participa de, pelo menos, quinze grupos de bolsonaristas de todo o país. Explica: "O meu trabalho é de formiguinha, mas pouco a pouco vou conseguindo atingir mais pessoas."

Muitos dos contatos de Tiago são policiais, bombeiros e caminhoneiros que ele conheceu em Ribeirão Preto e região. Com os problemas familiares que teve, Tiago me conta que não é bem-recebido pela família: "Eles acreditaram piamente nas mentiras que inventaram contra mim." A única exceção é o caçula, que já foi deputado federal por São Paulo e que hoje comanda as empresas que restaram depois da má administração do dinheiro familiar pelo irmão mais velho do segundo casamento: "Ele é o único que me ajuda quando preciso. Mas não fico enchendo o saco dele, não. Só peço quando preciso, mesmo. E sempre por problemas de saúde".

A referência ao irmão mais velho do segundo casamento, que arruinou boa parte da fortuna do pai, é a prova, para Tiago, de que foi preterido injustamente. Ou seja, ele acredita que as atitudes de Biba – apelido do irmão mais velho do segundo casamento, que se chama Enzo – demonstram que a perseguição familiar contra ele não tem fundamento.

O Biba deu "tombo" em todo mundo que podia. Vendeu boa parte do patrimônio imobiliário do pai dele e gastou o dinheiro em fazendas superluxuosas, poker, carros importados e até em um pequeno jatinho. Fazia também festas de orgia na sua fazenda preferida, e mandava vir mulheres da capital no jatinho ou voos fretados. Além de muita, mas muita cocaína. Eram festas que duravam dias, regadas a centenas de garrafas do champanhe Veuve Clicquot". Depois de dizer isso Tiago arremata: "Imagine, o que eu fiz[15] *foi pinto pequeno perto desse estrago do meu meio-irmão. Mas o que foi que aconteceu com ele? Nada.*

---

15 Diz, assumindo pela primeira vez que efetivamente deu o desfalque.

Enzo arruinou 50% da fortuna do pai em poucos anos, e, apesar de ser afastado de todas as empresas, recebe ainda uma mesada de trinta mil reais do caçula que assumiu todos os negócios restantes para si. Tiago acrescenta: "O cara roubou todo mundo e ainda ganhou um prêmio. Enquanto eu fiquei a ver navios." A história de vida de Tiago, ao que pude perceber depois de várias entrevistas com ele, liga-se ao bolsonarismo pelo seu ressentimento amargo. Bolsonaro é visto por ele como uma figura de fora do sistema, que assume o comando pela sua sinceridade e coragem.

Ele teve a coragem de peitar todo mundo, coisa que eu não fiz – e olha onde estou agora. Só não foi eleito porque o Nordeste, a região mais atrasada do país, vota até em ladrão condenado desde que ele tenha distribuído umas migalhas por lá. Tomara que todos passem fome agora! A culpa é deles em não reconhecerem tudo o que o Bolsonaro fez pela região. Que morram de fome!

Para Tiago, os nordestinos são a praga do Brasil. E ele elenca razões empíricas que comprovariam sua tese:

Quando foi que começou a ter assaltos na cidade de São Paulo? Quando vieram os nordestinos. O mesmo aconteceu no Rio. São preguiçosos e perigosos. Só querem levar vantagem. É sempre a mesma turma que quer algo especial para si, uma lei especial para levar vantagem à custa dos outros, como os LGBT+, *os quilombolas, os indígenas e até as mulheres. Grande parte de minha admiração pelo Bolsonaro vem de ele não aceitar isso e de dizer na cara de qualquer um.*

Pergunto se ele tem orgulho de sua ascendência italiana.

Óbvio. Foram os italianos que construíram São Paulo, hoje o estado mais rico do Brasil. Tudo com trabalho duro, sem apoio e ajuda, só pela vontade do trabalho, mesmo. Seria um sonho que o Brasil todo fosse como São Paulo. Você vê, em algum lugar do Brasil, coisa parecida com as estradas e as empresas que temos aqui?

Geraldo

Geraldo é um gaúcho que emigrou para Brasília, com os familiares, aos 16 anos. Geraldo tem uma história de vida peculiar. Foi sempre um aluno de altas notas na escola e excelente desempenho. Entrou na universidade passando em segundo lugar no vestibular para Engenharia Civil da UnB, em Brasília. Saiu também com a segunda maior nota do curso entre todos os alunos. Logo conseguiu uma boa colocação em uma das empreiteiras mais importantes da cidade, e fez carreira na empresa dos 24 aos 42 anos.

Com 41 anos, foi direcionado para comandar a construção de uma série de condomínios de luxo que a empresa pretendia construir no litoral da Bahia. Geraldo assumia, pela primeira vez, uma função de comando e direção. Antes, desempenhava com zelo a função de assessorar o presidente da empresa na aprovação de todos os projetos. Uma função importante, mas sem autonomia. A nova função de comando na Bahia, que deveria durar cerca de três anos, revelou, com o passar do tempo, uma vulnerabilidade de Geraldo que iria acompanhá-lo como um fantasma pelo resto da vida: a sua bipolaridade.

Como pude apreender de sua fala, o fato de não estar na sombra do chefe maior desestruturou a personalidade de Geraldo. Ele me conta que brigou com praticamente todo mundo da empresa na Bahia, e ainda pôs em risco o projeto ao confrontar agressivamente membros do Ministério Público e figuras importantes da política baiana. Sem a proteção e a subordinação a uma autoridade maior, Geraldo literalmente "louqueou" e passou a imaginar, inclusive, que poderia se candidatar a cargos políticos no município baiano – tornando-se uma espécie de caudilho local. Ele era neto de uma figura importante da política gaúcha, e se acreditava ungido de carisma político — a sua verdadeira paixão. Esse movimento, detectado de imediato pelos políticos locais, passou a gerar todo tipo de problema para a empresa e quase inviabilizou o projeto como um todo.

A demissão às pressas salvou o projeto da empresa, e Geraldo foi substituído rapidamente. Ele foi demitido pelo mesmo chefe da empresa que antes o protegia. Logo foi diagnosticado um quadro de mania causado pela bipolaridade – o que explica o comportamento agressivo e a perda de referência do próprio comportamento. Geraldo jamais se recuperaria desse baque. Tentou construir uma empresa própria e não conseguiu. Além disso, toda a comunidade de engenheiros de Brasília sabia o que tinha acontecido na Bahia, o que lhe impedia de conseguir novo emprego em qualquer lugar na cidade. O caso foi rumoroso, sobretudo porque Geraldo atribuía as reações à inveja de colegas que se sentiam preteridos pelo fato dele ter sido um protegido do dono da empresa. Geraldo ficou quase um ano sem qualquer emprego.

Finalmente, recebeu o convite de um primo que havia seguido a trajetória do avô e se tornado deputado federal por Goiás. A influência maior desse primo se localizava na cidade de Santo Antônio do Descoberto, perto de Brasília. A partir de contatos pessoais, foi possível conseguir um cargo de confiança para Geraldo na prefeitura de Santo Antônio. Ele ajudava na detecção de defeitos de construção de casas e prédios, e concedia alvarás de construção para todo tipo de edificação. O salário de 5 mil reais era considerado pequeno para ele, mas numa cidade pequena o custo de vida é também muito mais baixo, a começar pelo aluguel. Mas jamais desistiu do sonho de entrar na política.

A ocasião surgiu com a subida meteórica de Bolsonaro à presidência. Geraldo me conta que sempre foi conservador em todas as questões relativas à família e à sociedade. Teve sérios problemas com a única filha porque a moça fumava maconha, por exemplo. Geraldo chegou a expulsá-la de casa. Suas fases maníacas e depressivas, que se alternavam – ele conta que não tomava a medicação adequada direito – haviam levado Geraldo a perder novamente o último emprego. Foi nesse contexto que ele passou a ser um seguidor fiel e apaixonado de Bolsonaro. Ele me conta sobre o ídolo:

Bolsonaro tem a mesma raiva que eu sinto contra tudo aquilo que acho errado. Pessoas como eu, que suaram a camisa e ralaram na vida para ser alguém, não têm o reconhecimento que deveriam ter. O que nós vemos é o mesmo pessoalzinho da mamata se dando bem, como sempre foi. Bolsonaro foi o único que quis dar um basta nisso. Precisava ser alguém como ele, sem medo de dizer tudo o que pensa.

Geraldo viu a oportunidade de se candidatar – seu eterno sonho – a um cargo eletivo em Santo Antônio do Descoberto. Suas pautas foram "costumes" e "segurança pública". Ficou amigo de uma turma de policiais do Batalhão de Choque da Polícia Militar do DF (PATAMO). Ofereceu, inicialmente, ajuda a um policial que queria reformar a casa, e Geraldo passou a fazer o trabalho de engenheiro de graça para os novos amigos. "Tornei-me um construtor de lajes", conta ele, rindo. Quatro desses policiais se tornaram seus cabos eleitorais fervorosos nas diversas polícias militares do DF e seu entorno. Muito de sua propaganda eleitoral eram selfies que ele tirava com os policiais em ação. O mantra da campanha? Por óbvio, "bandido bom é bandido morto".

Passou a andar armado, e suas redes sociais estão cheias de fotos em clubes de tiro com os amigos policiais. O outro ponto central da visão política de Geraldo é o seu ódio às drogas, em especial à maconha, provavelmente em decorrência do problema com a filha. Para ele, traficante tem que morrer, e o usuário tem que apanhar para aprender.

Apesar do apoio dos amigos da polícia, Geraldo teve apenas 139 votos e ficou longe de ser eleito vereador da pequena cidade. Mais um fracasso para sua longa carreira de tentativas malsucedidas. Por meio dos policiais, Geraldo teve acesso aos empresários bolsonaristas da região, que financiam a disseminação de fake news. Como a aposentadoria de

Geraldo é pequena, não chegando a cinco mil reais, sua nova atividade de aposentado é ser "influencer digital" na periferia de Brasília – o que lhe garante uns trocados a mais, além de poder participar dos churrascos de fim de semana de sua nova "galera".

Geraldo me confidencia que existem filmagens falsas, pagas pelos empresários, registrando um "cracudo", obviamente um negro, roubando coisas de um supermercado local e saindo correndo. Em seguida, pode-se ver nas legendas do vídeo: "É isso o que vocês querem? Então votem no presidiário!" Ele me diz que pagaram quinhentos reais ao "cracudo" para participar da farsa. O trabalho de Geraldo é distribuir esse tipo de coisa para o maior número de pessoas possível. Quando pergunto a Geraldo se ele não se incomoda com o fato de divulgar mentiras, ele não hesita: "Mas é isso mesmo o que acontece, isso é verdade todos os dias. Nós apenas mostramos algo que, de outro modo, não poderíamos filmar. A filmagem representa o que acontece no país inteiro mas nunca é mostrado. Então, nós mostramos."

A seara bolsonarista deu um novo senso de importância à vida de Geraldo. Ele agora acredita que participa, como membro ativo, de um processo de mudança estrutural do Brasil. A mudança para um Brasil sem feminismo, sem "privilégio" para as minorias e, principalmente, sem criminosos. Até uma nova namorada ele conquistou nos frequentes convescotes de bolsonaristas do entorno de Brasília. Apesar de morar em Goiás, em Santo Antônio do Descoberto, Geraldo conheceu uma senhora de Brasília – uma bolsonarista "roxa" que ia levar sopa quentinha para os acampamentos ao redor do setor militar, com quem namora nos fins de semana.

Pode-se dizer que a militância bolsonarista deu tudo a Geraldo, que antes se via como um fracassado. Hoje ele tem um propósito na vida, compartilhado ardorosamente com outros iguais a ele, o que lhe traz o reconhecimento social que sempre lhe faltou. Passou a contar com uma vida social frequente, garantindo laços de camaradagem e amizade. Finalmente, mas não menos importante, essa militância deu a

Geraldo uma companheira, algo que ele sentia falta há muito tempo. A solidão anterior, como ele próprio pontuou várias vezes nas entrevistas, era algo que o incomodava muito. A militância bolsonarista deu uma nova vida a Geraldo.

III. ANÁLISE DAS ENTREVISTAS COM OS BRANCOS POBRES OU EMPOBRECIDOS

O conjunto das trajetórias de vida elencadas pelas entrevistas que fiz na região Sul do país (na qual incluo São Paulo não só por partilhar o imaginário da região, mas por tê-lo criado, em grande medida), mostram uma realidade pouco estudada e muito peculiar. A negação do racismo entre nós é tanta que quase ninguém fala da oposição – de resto, flagrante – entre o Brasil branco do Sul e o Brasil mestiço e negro do Norte (São Paulo para cima no mapa, englobando o Rio de Janeiro). Pior ainda: quando a BBC divulgou uma entrevista comigo sobre a construção do "excepcionalismo paulista",[16] que discuti acima, a reação contrária foi violenta. O meu Instagram sofreu uma avalanche de críticas como nunca havia acontecido antes. Acusavam-me de estimular a "cizânia nacional", como se estivesse criando divisões onde, supostamente, não existiam. Quando isso acontece – tocar em um nervo tão dolorido que desperta esse tipo de emoção – tenho a prova de que preciso seguir adiante: nada mais importante do que revelar as verdades reprimidas.

A "cizânia" que atribuem a mim foi criada, de forma intencional, pela elite de São Paulo – como demonstrei acima – cuja influência se espraia na região Sul e na fronteira agrícola do Sul de Minas Gerais. A solidariedade orgânica entre os estados do Sul e de São Paulo – e que

---

16 Letícia Mori, "Paulista se acha melhor que resto do Brasil por herança europeia e passado bandeirante, diz sociólogo", *BBC News Brasil*, 8 jul. 2024.

fez a maioria votar em uníssono em Bolsonaro – é cimentada na crença comum da "europeidade" como sinal racial e cultural de superioridade em relação ao resto do Brasil. Seu intuito foi, como vimos, primeiro legitimar a superioridade inata da elite, com base em um suposto culturalismo – que é uma fraude científica, como vimos. Em seguida, depois de 1932, o objetivo foi ampliar essa superioridade para todo o povo branco e europeu – que não seria gente-lixo, como são entendidos o resto do Brasil mestiço e negro. Ou seja, a "cizânia", criando uma oposição entre os de dentro e os de fora, foi urdida pela necessidade de legitimar a supremacia política de uma elite ascendente. Hoje, isso tudo está naturalizado por cem anos de propaganda da imprensa elitista, e poucos se lembram de como tudo começou.

A construção de uma identidade nacional da região Sul como identidade distinta da do resto do país, por conta da "europeidade" é, no entanto, uma realidade insofismável, apesar de tão reprimida. E é, antes de tudo, a elite de São Paulo que a constrói – conforme vimos acima. Como o traço racial foi simplesmente reprimido – pela afirmação popular de Getúlio – mas nunca devidamente criticado, então o reprimido volta com ainda mais força sob alguma máscara conveniente. Essa máscara foi a construção da imagem do povo brasileiro mestiço e negro como corrupto, inconfiável, eleitor de corruptos e aproveitador egoísta e preguiçoso.

Vimos anteriormente, em detalhe, que o povo cordial, emotivo, passional, pré-moderno e inconfiável é apenas o mestiço e o negro. A parte "europeia" do país, São Paulo e região Sul, ganha a legitimação que precisa para criar uma distinção social positiva em comparação ao resto do país. Até hoje, boa parte dessa população aufere autoestima pela origem europeia e se vê como distinta do resto do país. Essa "cizânia" não fui eu que criei de modo artificial, como alegaram meus críticos – ela já existia desde antes, e foi cimentada como crença popular e destilada de modo capilar e emocional, ou seja, infensa à crítica e à reflexão para toda a população branca.

Se existe um traço comum a todas as pessoas entrevistadas acima, é a crença na supremacia natural do Sul e do branco de origem europeia sobre o resto do país mestiço. Uma oposição que ficou consolidada quando se logrou substituir o racismo "racial" anterior por um racismo, em tese, "cultural". Esse tipo de máscara do racismo "racial" permite ao racista odiar o mais frágil e vulnerável fingindo que deixou de ser racista. O nordestino é tão odiado não pelo fato de ter nascido perto da linha do Equador, mas porque a população nordestina é, pelo menos, 80%, mestiça e negra.

Isso tudo foi naturalizado com facilidade, já que o racismo é o mapa social mais ao alcance do leigo – que precisa de uma explicação convincente para a hierarquia social, mas que não sabe como o mundo social complexo e confuso funciona. O racismo permite esclarecer todas as dúvidas e passa a presidir a visão de mundo dessas pessoas cognitivamente carentes de uma explicação razoável acerca de como o mundo social funciona. Além da "necessidade teórica" de explicação para o funcionamento complexo da sociedade, temos aqui também o vínculo emocional, que é o que torna essas distinções irresistíveis para um público sedento por autoestima e distinção social positiva à custa de quem for.

A construção do "povo corrupto" como sendo o mestiço nordestino e o negro eleitor de corruptos é a chave para a dominação social brasileira, que veste o racismo íntimo de todos nós com um racismo "cultural" pseudocientífico – sem recorrer à palavra raça e, portanto, podendo pleitear o "prestígio científico" para corroborar sua validade. É assim, aliás, que são criadas todas as ideias importantes. Durante a história da humanidade, as ideias que lograram alcançar grandes massas ou foram ideias religiosas, ou – depois da secularização – ideias científicas, uma vez que, sem o prestígio da religião ou da ciência, nenhuma ideia vinga.

Quando se culpa a vítima dessa forma, o poder real se torna invisível, e não existe nada mais importante para a reprodução de todo tipo de privilégio do que se tornar invisível. Foi esse feito extraordinário que a elite paulista alcançou: repaginar o racismo "racial" brasileiro em racismo "cultural" baseado na ideia de corrupção como mote central. A hipotética superioridade do sulista e do paulista em relação ao resto do país foi construída e alimentada sob a forma de um equivalente funcional do racismo "racial" anterior. O novo racismo "cultural" da pecha de corrupto aproxima e chama para si todos os pecados morais da preguiça, da falta de confiança – daí a construção do negro como criminoso – e da apatia.

Isso é visto em quase todos os testemunhos elencados. O gaúcho Marcelo, por exemplo, é explícito: negro cagando em lugar público merece ser linchado, do mesmo modo como ele tortura os presos famintos com o cheiro de picanha sendo assada no churrasco semanal com os colegas agentes penitenciários – e sabemos que os presos, em todo lugar, são mestiços e negros, em sua esmagadora maioria. Sadismo em alto grau de requinte.

O caso da catarinense R. Kühn também salta aos olhos. Sendo a única mestiça da família, ela experimentou uma perseguição doméstica dos próprios familiares durante toda a vida – sem contar as piadas humilhantes na escola e no ambiente de trabalho. As suas outras características – como sua orientação sexual e o uso recreativo da maconha – surgem como confirmação de seu caráter duvidoso, já prenunciado pelo simples fato de ser negra.

A ira do paulista Tiago ao atribuir o aumento da violência em São Paulo à imigração nordestina – considerando o povo do Nordeste a origem do crime –, e ao ridicularizar a origem indígena da governadora do Estado, atestam a permissividade de um racismo insidioso – explicitado pela permissividade do discurso de ódio bolsonarista.

O caso do gaúcho e hoje paranaense Matheus é mais matizado, e seu racismo mais "sofisticado", ou seja, um racismo que segue as regras do racismo cordial brasileiro que finge não ser racista. Isso o obriga a procurar subterfúgios para aquilo em que ele quer acreditar. Assim, a reclamação recai sobre a "bagunça" das universidades públicas – um ambiente onde já reinam as cotas raciais e sociais –, e sua ansiedade é para se mudar para uma universidade privada, cara e cheia de gente branca e rica.

Como sempre, e em todos os casos, o falso discurso da corrupção é a melhor forma de impedir a ascensão popular. O ataque ao Estado petista tem esse componente bem-marcado. A pecha de corrupto, bombardeada pela imprensa elitista, permite defender a exclusão social continuada como se fosse defesa da moralidade pública. O ataque ao Estado se dirige unicamente ao Estado que se pretende social e interventor no combate à desigualdade.

Geraldo, o gaúcho da fronteira, confirma praticamente todos os preconceitos que travestem o ódio de raça e de classe social em defesa da moralidade pública e privada. Essa dinâmica sustenta a tese do "bandido bom é bandido morto" – cujo teor real é "negro bom é negro morto" – e o ódio a qualquer forma de manutenção livre do estilo de vida (em especial, a livre orientação sexual dos indivíduos). O bolsonarismo oferece o velho racismo repaginado agora como luta política idealista e rebelde, aglutinando, também, todos os frustrados que culpam a vida e os outros pela sua decadência e desgraça. Mais ainda: propicia excitação, participação política simulada e sensação de direção para esse tipo de gente que havia perdido o trem da vida.

O caso de F. Rössler confirma e aprofunda o que estamos discutindo aqui. Seu ódio se dirige tanto aos negros haitianos – que ele vê como grave ameaça civilizatória para sua pequena cidade – quanto aos "nordestino" que, pela suposta pouca inteligência e apatia, elegem quem não deve. É interessante perceber que Felipe diz isso tudo centrado em um discurso moral da supremacia cultural alemã e branca sobre o resto do país. Os valores "germânicos" seriam, antes de tudo, disciplina e amor ao trabalho e cuidado com a família. Mais uma vez, o racismo "racial" sendo recoberto por hipotéticas superioridades culturais.

O que parece ter acontecido é que Bolsonaro "destampou" o fétido bueiro que antes barrava as formas explícitas de racismo. Racismo tanto de raça quanto de classe, já que ambos estão amalgamados de modo indelével entre nós. O contexto de desconfiança política criado pela celeuma da Lava Jato se mostrou perfeito para a criação desse monstro. Possibilitou conferir uma dimensão ética à pretensa luta bolsonarista, permitindo a transfiguração do fracasso de classe do branco pobre ou empobrecido em uma bandeira política de suposto interesse universal – como os bons costumes e a política "limpa". Bolsonaro conseguiu realçar o racismo brasileiro entranhado em todos nós, ainda hoje, canalizando o ódio e ressentimento de classe do branco pobre empunhando a bandeira de uma luta política pela violência purificadora.

O ressentimento social é a procura de um culpado externo para a sensação de fracasso objetivo daqueles que não possuem nem capital econômico nem capital cultural legítimo. A nossa imprensa dominada – e a serviço do saque elitista – não permite a compreensão do mecanismo social que reproduz as classes do privilégio. Desse modo, o fracasso objetivo é subjetivado e vivido como culpa pessoal pelo branco pobre que se pensa europeu, mas que tem as mesmas condições de vida dos mestiços e de muitos negros.

Como esse indivíduo precisa encontrar um culpado externo para uma ferida narcísica desse tamanho e proporção – vivida como incapacidade pessoal e não como construída socialmente –, todos os fantasmas do racismo explícito brasileiro, que vigorava antes de 1930, são liberados novamente. Mas, agora, sua expressão tem que obedecer às vicissitudes de uma cruzada moral do bem contra o mal – o que confere ao racista empedernido a justificativa falso moralista da qual precisa para ele ser quem sempre foi.

Seu ódio, no entanto, não se dirige às elites que reproduzem a pobreza da maioria da população ao se apropriarem de toda riqueza disponível. Elas são seu verdadeiro inimigo, mas nunca ninguém contou isso para ele. A imprensa existe para blindar qualquer referência aos ricos e poderosos como causa verdadeira da pobreza. Quando o caminho da indignação contra a injustiça está fechado, o caminho que sobra é dirigir

O POBRE DE DIREITA

a raiva contra os mais frágeis e vulneráveis – incapazes de defesa, na maior parte dos casos. Daí o direcionamento do ódio aos nordestinos, negros, mulheres e público LGBT+. É uma canalização da raiva que garante duas coisas importantes para esse indivíduo: a compreensão do mundo social de uma forma que lhe é conveniente; a certeza de sua superioridade moral sobre os outros, de modo a aplacar e mitigar seu sentimento de fracasso pessoal.

4. O NEGRO EVANGÉLICO

O capítulo anterior procurou desvendar os motivos que levaram milhões de brancos pobres a votarem, contra seus melhores interesses, em Bolsonaro. Mas não foram apenas os brancos pobres que votaram, em duas ocasiões, em Bolsonaro. Também muitos negros, sobretudo os evangélicos, votaram e apoiaram Bolsonaro. A questão aqui é, talvez, ainda mais complexa de se compreender do que a que examinamos logo acima. Afinal, Bolsonaro é um racista da velha escola que faz piada com negros, por exemplo, associando-os, de forma constante, à animalidade. Por que um negro pobre votaria em Bolsonaro? Essa é a questão que iremos abordar agora, e, logo a seguir, com as histórias de vida de alguns deles.

I. A CONTRARREVOLUÇÃO EVANGÉLICA E SEU SENTIDO SOCIAL E POLÍTICO

Para Max Weber, o sociólogo das religiões mais influente e importante de todos os tempos, a religiosidade tem íntima relação com a classe social, ou seja, com a posição relativa dos fiéis na hierarquia social. As versões mais racionais e éticas da religiosidade costumam estar relacionadas à vida citadina – em especial aos comerciantes e artesãos qualificados com seu cotidiano calculável, regular e previsível. Já os camponeses e as classes populares percebem seu cotidiano como dominado por forças externas incontroláveis, como a natureza e a opressão social associada ao trabalho desqualificado, dependente e servil.

O pentecostalismo, desde a sua vertente original nos Estados Unidos, nasce como oposição ao protestantismo histórico e ao processo de secularização que lhe foi subsequente. Como se sabe, a tese weberiana para explicar o processo de secularização parte da contradição interna ao protestantismo ascético, que constrói um "caminho para salvação" baseado no sucesso mundano. Ao interpretar o caminho para a salvação eterna como decorrente do sucesso mundano e visível, ou seja, como riqueza material, o ascetismo protestante passa a exigir do fiel a "dominação do mundo" social e natural como precondição para ser salvo.

Para que o mundo seja dominado, ele precisa, porém, ser conhecido. É necessário que se conheça como o mundo social e natural funciona para que se tenha sucesso nele. Ora, a ciência é exatamente a dimensão criada para o conhecimento e controle do mundo externo. Existe uma forte correlação entre o advento do protestantismo e a ascensão da ciência experimental. A visão científica do mundo, no entanto, elimina pouco a pouco o "mistério", elemento indispensável a qualquer forma de religiosidade. O estabelecimento da ciência enquanto esfera simbólica detentora de sentido hegemônico implica o enfraquecimento – não a morte – da visão religiosa. É por conta de suas contradições internas que o protestantismo é visto como a parteira do mundo moderno, secular – e, dentre outras consequências, um mundo onde a ciência substitui a religião como provedora de sentido.

Isso, por óbvio, não ocorreu sem resistências. Especialmente nos Estados Unidos – a pátria do puritanismo ascético –, foram desenvolvidas, desde o século XVIII, tendências revivalistas da religiosidade, as quais são o berço histórico do movimento pentecostal posterior. Esses movimentos eram plurais, e havia uma quantidade de oferta religiosa significativa comandadas por novos profetas que pululavam em vários lugares. Um deles foi Charles Parham, figura emblemática da novidade pentecostal, que se tornou o primeiro pregador a fazer a ligação entre experiências extáticas – com manifestações de transe e glossolalias (o falar em "língua estranha") – e o "batismo com o Espírito Santo".[1]

Um dos seguidores de Parham, William Seymor – que se tornaria conhecido como o "profeta negro da Rua Azuza" – assistia às suas aulas no corredor e não na sala de aula, por conta do racismo de Parham, e decidiu fundar sua própria denominação na Rua Azuza, em Los Angeles. Rua Azuza se tornou, a partir daí, uma espécie de galvanizador e campo de experiência de uma religiosidade que valorizava a tradição negra: em traços como a oralidade da liturgia, testemunhos orais, inclusão do êxtase, sonhos e visões, inclinação para o xamanismo religioso, uso de coreografia e muita música nos cultos.[2]

Essa ligação com a cultura negra explica, em boa parte, a irresistível influência desse tipo de religiosidade entre nós. Aqui podemos já visualizar que o ancoramento social desse tipo de manifestação religiosa se dirige aos desterrados, humilhados e imigrados. São pessoas que não conseguem se sentir pertencentes à realidade social, visto que essa os humilha e não os reconhece. São pessoas que estão no mundo social, mas não se sentem parte desse mesmo mundo. Nascia então uma religiosidade, feita com precisão de alfaiate, para os abandonados e excluídos. Como sempre, a religiosidade mágica é a arma dos despossuídos, daqueles que não têm futuro. Como diria Pierre Bourdieu, em uma de suas frases magistrais: "A esperança mágica é a visada de futuro dos que não têm futuro."

Criada nos Estados Unidos no começo do século XX, essa forma de protestantismo popular tem se globalizado com rapidez entre as massas empobrecidas do Sul global. Descendentes do metodismo Wesleyano e do Holiness Movement [Movimento da Santidade], os pentecostais, por diferença em relação ao protestantismo histórico, acreditam que

---

[1] Leonildo Silveira Campos, "As origens norte-americanas do pentecostalismo brasileiro", 2005.
[2] *Ibidem.*

Deus, por meio do Espírito Santo – responsável pelo componente mágico desse tipo de religiosidade – continua a agir diretamente no mundo prático. Essa ação se materializa em curas, exorcismo de demônios e realização de milagres.

A diferença entre religiosidade ética e religiosidade mágica é a mais importante do universo religioso. A religiosidade ética, produto singular da cultura ocidental – que nasce no judaísmo antigo e influencia diretamente o cristianismo e o islamismo – cria uma tensão ética entre o mundo transcendente e o mundano. O Deus e seus mandamentos morais, na religiosidade ética, pretendem mudar o mundo profano como ele é. Pretende criticá-lo e revolucioná-lo. Por exemplo, Jeová exige dos fiéis que eles não matem, não roubem e não desejem a mulher do próximo porque na humanidade há quem tenha desejos assassinos, desejos de apropriação das coisas alheias e desejos libertinos em relação à mulher do próximo. A religiosidade ética abre a possibilidade de mudança do mundo social e do nosso comportamento nele. Ela é intrinsecamente revolucionária, ainda que os compromissos com os poderes mundanos tenham sido, historicamente, a regra.

Com a magia, temos o efeito contrário. Na magia, não há oposição entre a dimensão religiosa transcendente e a dimensão mundana, mas sim proximidade e contiguidade. Os entes transcendentes são próximos, e seus favores devem ser conquistados do mesmo modo como fazemos com os poderosos deste mundo: com presentes, bajulações, elogios e afagos. Não existe a tensão ética que possibilite transformar o fiel mágico em outra coisa que ele ainda não seja. A regra aqui é a dos rituais: vive-se da repetição, da tradição e do eterno ontem que sacraliza o mundo como ele é.

Além disso, como a moralidade mágica não pressupõe reflexão – uma vez que é mera compulsão pela repetição – inexiste o drama típico da consciência moral ética, que é representado pela questão: devo seguir o que Deus manda, ou seguir aquilo para o qual já me inclino desde sempre? Essa é a primeira forma de consciência moral individual da história – o drama consciente da escolha de caminhos alternativos de vida. Na magia, não há alternativa, nem drama de escolha, nem consciência moral. A magia é, portanto, intrinsecamente conservadora. Não há crítica social possível a partir dela. E foi esse tipo de protestantismo mágico, em forte oposição ao protestantismo histórico, a forma de religiosidade ética mais consequente de que se tem notícia – que tomou o Brasil de assalto a partir dos fins do século xx.

A novidade americana logo chegou, como sempre acontece, rápido ao Brasil. Vários missionários inspirados pela Rua Azuza chegaram aqui poucos anos mais tarde, como Louis Francescon, Daniel Berg e Gunnar Vingren, os pioneiros do pentecostalismo no Brasil.[3] Os estudiosos dividem em três fases a história do pentecostalismo e neopentecostalismo brasileiro. A primeira onda acontece a partir de 1910, com a vinda dos missionários estrangeiros para ensinar os fundamentos da nova religião. A segunda onda se dá nos anos 1940 e 1950, sobretudo em São Paulo. A terceira onda ganha impulso a partir dos anos 1970 e 1980, em especial com a Igreja Universal do Reino de Deus – comandada com mão de ferro pelo autointitulado bispo Edir Macedo. O contexto da terceira onda é carioca.[4]

O pentecostalismo clássico brasileiro, típico da primeira onda, é representado pela Congregação Cristã do Brasil e pela Assembleia de Deus, a maior denominação pentecostal do Brasil. Suas características principais são o anticatolicismo, o dom de falar em "línguas estranhas", a crença na volta iminente de Cristo e na salvação paradisíaca, e o radical sectarismo e ascetismo. A segunda onda teve início nos anos 1950 principalmente em São Paulo, a partir de dois missionários americanos que formaram o Evangelho Quadrangular, trazendo para o Brasil a evangelização em massa baseada na cura divina.[5]

---

3 *Ibidem.*
4 Ricardo Mariano, *Neopentecostais*, 1999.
5 *Ibidem.*

Tal ênfase na cura divina foi o grande mecanismo para o crescimento do pentecostalismo brasileiro, como, aliás, aconteceu no mundo todo.[6] O que separa as duas ondas é a ênfase diferencial nos dons do Espírito Santo. A primeira onda enfatiza o dom de línguas; enquanto a segunda privilegia a cura divina. Existe grande influência recíproca entre as diversas denominações, e, em um processo de tentativa e erro, tudo aquilo que se mostrar bem-sucedido tende a ser imitado pelas outras denominações.

A terceira onda se inicia nos anos 1970 e ganha força nas duas décadas seguintes. Seu principal símbolo é a Igreja Universal do Reino de Deus, que é marcada pelo antiecumenismo – forte oposição aos cultos afro, forte hierarquia e centralização, uso de meios de comunicação de massas, ênfase na cura e no exorcismo de demônios. E, como característica mais marcante, as técnicas para retirar dinheiro dos fiéis em troca de bens simbólicos mediante pagamento direto em moeda sonante. Combinado a essa guinada mundana e empreendedora temos a rejeição consequente a toda forma de ascetismo mundano.

Se as ênfases das igrejas anteriores privilegiavam as "línguas estranhas" e a cura divina, na terceira onda neopentecostal a centralidade é do exorcismo de demônios. A singularidade da Universal é baseada na ênfase da luta entre Deus e o demônio, e cabe ao pastor dizer quem é um e quem é o outro (a divindade pode ser associada, inclusive, a Bolsonaro, se o pastor assim o desejar, afinal, ele tem "Messias" no nome). O contexto conservador da magia é levado ao paroxismo na teodiceia neopentecostal. Como inexiste qualquer separação entre a esfera mundana e a transcendente, a esfera mundana é percebida como subordinada à esfera transcendente, perdendo, portanto, qualquer autonomia e independência.

Isso significa que se alguém está doente e não encontra remédio, não é culpa do descaso da sociedade desigual nem da falta de adequa-

---

6 *Ibidem.*

do financiamento do sus, mas sim do diabo que invadiu seu corpo. Elimina-se, desde o início, qualquer possibilidade de crítica social à dimensão mundana. O "sacrifício do intelecto", que Weber percebia em toda forma de religiosidade, é aqui levado ao limite lógico. O mundo social, por mais injusto e perverso que seja, não só não é criticável como passa a ser, inclusive, sacralizado. Trata-se da mais perfeita legitimação da meritocracia e do mundo desigual, visto que invisibiliza as causas da opressão social.

A teodiceia da prosperidade neopentecostal é, em alto grau, uma religiosidade "afirmativa do mundo" – ao contrário de sua negação, como acontece na religiosidade ética. Como corolário, temos a liberalização dos costumes e do apelo ao consumo material. A principal novidade do neopentecostalismo é sua inversão da "negação do mundo" pentecostal clássica em uma decidida "afirmação do mundo" por conta do maior peso do componente mágico e pragmático. O sucesso do neopentecostalismo tem contribuído para influenciar todo o mercado religioso pentecostal. A própria competição pelo controle de meios de comunicação de massas, entre as diversas denominações, traz uma urgência econômica que tende a ser suprida com os dízimos e ofertas em dinheiro.

O que de fato singulariza a Igreja Universal é a exacerbação de uma luta cósmica dualista entre Deus e o diabo pelo domínio da humanidade. Uma guerra, portanto. Pelo menos quatro características principais derivam dessa luta: 1) o embate não é apenas espiritual, mas prático, envolvendo a dimensão sociopolítica e a tentativa de dominar o mundo social segundo seus preceitos, por meio da influência na política partidária e pelo proselitismo nos meios de comunicação de massa; 2) o rompimento com a salvação extramundana e seu ascetismo e rejeição do mundo, tendo como substituta a teodiceia de afirmação e dominação do mundo. Ao contrário da resignação, os neopentecostais são triunfalistas e intervencionistas; 3) como consequência lógica dessa inversão de perspectivas, temos a criação da teologia da prosperidade para o gozo do dinheiro e dos prazeres mundanos; 4) e, como corolário, a ideia de que o serviço a Deus é mediado pelo pagamento em dinheiro: o dízimo – por óbvio – mas sobretudo "ofertas" em profusão.

II. DEUS E O DIABO NA TERRA DO SOL

Os grandes sociólogos da religião, como Max Weber e Pierre Bourdieu, analisam o campo religioso do mesmo modo como analisam outros campos sociais. Como qualquer empresa no mercado econômico, que utiliza estratégias para conquistar o maior número de consumidores, a empresa religiosa usa o que estiver ao seu alcance para angariar o maior número de fiéis. O vertiginoso sucesso da vertente neopentecostal foi causado por uma conjunção de dois fatores: o aproveitamento consequente da ideia da batalha transcendental entre a divindade e o diabo – que já habitava o imaginário popular influenciado pela religiosidade africana – com o uso superficial do vocabulário judaico-cristão de modo a parasitar seu prestígio.

Em geral, o pentecostalismo se baseia no episódio bíblico citado em Atos dos Apóstolos, capítulo 2, em que o Espírito Santo teria se revelado aos cristãos por meio da língua do fogo. Partindo dessa vertente interpretativa, o pentecostalismo defende a presença concreta de Deus no mundo por meio do Espírito Santo, em especial pelo dom da cura e do falar em "línguas estranhas" (como vimos, glossolalia). A glossolalia, no entanto, foi perdendo prestígio por comparação com o dom da cura, a libertação dos demônios e a teologia da prosperidade.

Na segunda onda pentecostal e na terceira onda neopentecostal, ocorre um deslocamento simbólico da relação com as "línguas de fogo" em favor da força das palavras proferidas em nome de Deus. Passa-se a acreditar que a palavra dita em "nome de Jesus", uma espécie de ordem verbal de Deus, tem o poder de curar. Também no exorcismo de demônios a palavra oral é fundamental. O pastor ordena a saída do demônio e é apoiado pela multidão, que grita: "Sai, sai!" ou "Queima, queima!". A alusão a "queimar" permite perceber a passagem das línguas de fogo ao poder da palavra dita com fé. O exemplo da força das palavras viria do Deus do Livro de Gênesis, que cria o universo por meio do verbo, ou seja, da palavra.[7] Esse fato abre a possibilidade de vincular a bíblia não mais à escrita e à conversão racional, mas, ao contrário, aproximá-la da tradição oral como agente mágico transformador da realidade.

É a ênfase na tradição da oralidade que permite ao neopentecostalismo se aproximar – como o substituto perfeito – das religiões afro-brasileiras, nas quais a palavra se reveste de poder mágico. No candomblé, a palavra dita é "emanação de axé", mecanismo de movimentação de forças sagradas, sendo Exu percebido como emanação desse poder que pode ser conferido por meio de oferendas. No neopentecostalismo, o poder da fala reinterpreta e ressignifica o fogo da língua do Espírito Santo no sentido do poder de intervenção mágica de Exu. A força da fala, muito além da mera pregação da palavra escrita divina – típica das versões mais éticas e racionais do cristianismo –, transforma-se, no neopentecostalismo, na emanação mágica de um poder autorreferente e autoconstituído.[8]

O neopentecostalismo, portanto, opera uma "antropofagia" da fé inimiga[9] pela centralidade do "transe religioso", reintroduzindo a proximidade imediata com o sagrado que havia sido expurgado do campo cristão em nome da conversão racional. A novidade do movimento pentecostal, radicalizada no neopentecostalismo, foi introduzir o êxtase religioso e seu fundo mágico para o centro do cristianismo a partir da figura do Espírito Santo como emanação material da divindade.

---

7 Vagner Gonçalves da Silva, "Concepções religiosas afro-brasileiras e neopentecostais", 2005.
8 *Ibidem*.
9 Ronaldo Almeida, *A Igreja Universal e seus demônios*, 2009.

O que está por trás desse movimento é, acima de tudo, uma redefinição da noção de "eu" e da personalidade do fiel, ou seja, de seu processo singular de subjetivação. No neopentecostalismo, assim como em várias versões do protestantismo, o corpo é pensado como morada de Deus na sua dualidade de corpo e alma. Daí a legitimidade cristã da guerra contra a possessão do corpo pelo demônio, substituindo-a pela possessão do Espírito Santo.

No candomblé, a pessoa é vista como fragmentada e a ela se agregam várias entidades sob a forma de um "enredo de santo". Esse enredo varia de acordo com o orixá de frente. Os rituais de iniciação visam, por meio do sacrifício de animais e outros ritos, fixar no Ori da pessoa esse enredo, até que, com o tempo – normalmente sete anos –, não haja mais necessidades dos rituais, significando a imanência do seu orixá na própria pessoa, tornando o transe supérfluo.[10]

Desse modo, a fragmentariedade inicial é fundida em uma unidade à medida que vai compondo seu "enredo de santo". Os ritos sacrificiais de animais servem, precisamente, para garantir uma continuidade da comunicação entre as divindades e os homens. A morte do animal permite abrir um canal de comunicação para que a graça divina possa fluir até os homens. A possessão indica a eficácia desse canal. Quando a divindade "vem", como na possessão, o homem "vai" – ou seja, perde a consciência. Apesar da complementariedade, um não pode se sobrepor ao outro.[11]

O neopentecostalismo, nos seus rituais de exorcismo, utiliza-se dessa linguagem e desse universo simbólico para criar uma nova relação do fiel com o Deus. Se nas religiões afro-brasileiras a pessoa se completa pela incorporação de um panteão sagrado, no neopentecostalismo a sacralidade do eu já é pressuposta – bastando que o indivíduo se liberte das eventuais tentações que vêm "de fora". Assim, se nas religiões afro-brasileiras o "eu" se forma por "adição" das diversas divindades

---

10 *Ibidem*.
11 *Ibidem*.

que o regem, no neopentecostalismo o "eu" se forma pela permanente "subtração", na expulsão dos demônios que ameaçam a já existente divindade do "eu".[12]

Para Ronaldo de Almeida,[13] os ritos de expulsão dos demônios no neopentecostalismo são mera inversão simbólica dos ritos africanos. Se nas religiões afro a possessão ocorre como uma festa de sacralidade do ritual, no neopentecostalismo a possessão é o polo negativo do sagrado por significar a irrupção do mal. A inversão, como sabe muito bem a psicanálise, mantém o principal em comum, apenas invertendo os termos da relação. O decisivo, portanto, que é a crença na possessão e na subordinação da lógica profana pela transcendental, se mantém. O que a inversão possibilita ao neopentecostalismo é a criminalização do competidor religioso.

Não por acaso são os Exus e as Pombagiras os representantes do diabo no contexto do neopentecostalismo e suas sessões de "descarrego". Essa aproximação da simbologia cristã e africana já fazia parte da história secular do sincretismo brasileiro. Nas religiões afro, o sentido dos Exus é dado pelo contexto. Os Exus podem ser "amarrados" pelo orixá para obedecer, podendo ser, portanto, tanto demônio quanto orixá. Essa é a confissão que o pastor neopentecostal exige desses espíritos: não que ele seja o demônio, mas que eles revelem não serem sujeitos à negociação como se imaginava,[14] exigindo a vitória do pastor sobre eles.

Essa é uma estratégia que visa conquistar os adeptos desse tipo de religiosidade. A religiosidade africana, portanto, segue intocada no neopentecostalismo – o que explica o ódio à religiosidade afro exatamente pela proximidade e competição mais próxima –, mas é "recoberta", superficialmente como uma pátina, com o vocabulário de alto prestígio simbólico – em todo o Ocidente – do cristianismo e do judaísmo.

---

12 *Ibidem.*
13 *Ibidem.*
14 *Ibidem.*

Em um país racista como o nosso, o neopentecostalismo se alimenta, vicariamente, também dessa tradição nefasta que ajuda a criminalizar o negro e todas as suas práticas, inclusive as religiosas. Portanto, o neopentecostalismo é ideal para quem pretende "embranquecer" – com tudo o que isso significa no Brasil, e que não se refere apenas à cor da pele – pela aceitação da norma moral vigente do dominador branco que implica o estigma do negro (seu vizinho ou irmão) e a sua criminalização.

III. ENTREVISTAS: O NEGRO EVANGÉLICO

Vanderson

Vanderson, 34 anos, negro, pobre e morador da conhecida favela de São Paulo, Jardim Ângela, é um caso típico do público evangélico que examinamos. Como quase todos os adolescentes das classes populares, Vanderson teve que trabalhar muito cedo, e já tinha carteira assinada aos 14 anos. Perguntado sobre sua vida nessa época, Vanderson responde:

Trabalhei desde cedo. Tive logo o registro em carteira com 14 anos. Entrei no Grupo Pão de Açúcar, né? Companhia Brasileira de Distribuição. Antes disso, eu cheguei a trabalhar em feira, também. Aqui no Jardim Ângela, que tem uma feira de domingo. Também cheguei a trabalhar na feira lá em Moema. Biquinho pra lá, biquinho pra cá, depois eu consegui esse emprego fixo no Pão de Açúcar, no mercado. Lá eu cheguei a trabalhar acho que uns 6, 7 anos, mais ou menos. E aí foi só entra em empresa, sai de empresa, entra em empresa, sai de empresa.

A carreira do emprego precário, que implica a troca constante de empregos de pouca qualificação, é uma espécie de destino inevitável para grande parcela da população brasileira. Com pouco estímulo em casa e tendo frequentado escolas precárias, adolescentes como Vanderson são desarmados para a competição social e passam a ser explorados como trabalhadores desqualificados. Vanderson chegou a cursar alguns anos na universidade, o que ele acha que muito contribuiu para ampliar seus horizontes de vida. Imaginava que poderia continuar os estudos, mas aí, como quase sempre acontece nessa classe social, vieram os filhos – e tudo ficou como mero sonho e utopia:

Aí teve um período que eu ingressei na faculdade, né? Cheguei a fazer na Uninove tecnologia de comércio exterior. Depois mudei pra tecnologia em logística, aí depois de seis meses fui pra tecnologia em comércio exterior. Era um curso de duração de dois anos [refere-se a um curso técnico], *porém, quando estava fazendo, chegando a um ano e meio, fui mandado embora da empresa que eu trabalhava e não tive como continuar. Mas a minha intenção era dar continuidade e fazer administração, né? Se eu fizesse mais dois anos, eu pegaria o certificado de administração. Mas aí não consegui mais. Depois vêm as "cria", vêm os "filho", aí pronto, aí não dá mais.*

Como sempre, são as urgências da vida que pegam de surpresa o jovem das classes populares. Nas famílias de classe média, o jovem se prepara – em geral, com todo o tempo do mundo – para incorporar conhecimento considerado legítimo pela sociedade, e apenas depois para formar uma família. Essa é a trajetória típica de um jovem de classe média. Para o jovem das classes populares, as urgências se impõem no dia a dia e comprometem o ponto essencial para qualquer trajetória social de sucesso: o cálculo do futuro e o foco no que é essencial.

O pertencimento à Assembleia de Deus não veio dos pais, como em muitos casos que serão examinados aqui. Vanderson já era adulto e, por pressão da sua noiva na ocasião, passou a frequentar o culto e gostou. Continuou na igreja mesmo depois que o noivado acabou. Quando perguntei se a igreja o ajuda, Vanderson respondeu o seguinte:

Eu acredito que sim. Porém, como eu cheguei a frequentar a faculdade, o leque se abre mais ainda. Mas a igreja ajuda muito. Com certeza. Ajuda principalmente a saber trilhar os caminhos corretos. Porque há muitos caminhos que você acha que seria bom, tipo: "Ah, vai pela cabeça de fulano, vai pela cabeça de ciclano!", só que aí o final é só dor. A igreja é muito importante pra essa fase de aconselhamento, de ensino baseado na palavra, mesmo. Em termos de saber onde você anda, com quem você anda, como você anda. Em termos de companhia, também. Nesse quesito, eu acho a igreja muito importante.

Mais uma vez, aquilo que é ensinado de modo insensível nos lares de classe média desde tenra idade – como a importância da disciplina e do foco no estudo e no trabalho – é conseguido na vida adulta pela tardia socialização religiosa de muitos membros das classes populares. Com a diferença marcante do menor respeito à individualidade, dada a rigidez da moral religiosa baseada, supostamente, na "palavra da Bíblia". O guia espiritual para iluminar o difícil caminho da vida é conseguido com o sacrifício do intelecto exigido – em maior ou menor grau – por toda forma de religiosidade. Por conta disso, uma individualidade refletida e crítica é tão difícil nesse contexto.

Questionado sobre a recente expansão das igrejas evangélicas, inclusive na esfera política, Vanderson responde:

Particularmente falando, eu achei bom. Achei muito bom. Porém, ela foi crescendo e a qualidade foi ficando por último, né? Principalmente essas igrejas neopentecostais. Aqui no bairro, nos anos 1990, era muito perigoso, tinha muitas gangues. Hoje são as facções. Antigamente era gangue. Gangue da rua tal, gangue da rua não sei onde. Então, eu pensava: "Nossa, quanto mais igreja, menos bares, menos gangue, menos violência e tal." Antes igreja que boca de fumo.

A rigidez moral se aplica em um contexto de tamanha violência e vulnerabilidade social que explica sua aceitação de tão bom grado. É uma forma de garantir para si e para os filhos uma vida "fora do crime" e da violência que ele envolve. É uma boia de salvação para aqueles que se encontram ameaçados, por todos os lados, pelos apelos de curto prazo. Além disso, e ainda mais importante, está o fato de que essa moralidade, apesar de sua rigidez, "eleva" moralmente aqueles que foram mais humilhados pela vida. Nesse cenário, podemos compreender o apoio irrestrito de Vanderson, e de tantos do seu meio social, à politização da igreja no Brasil.

Eu acho que é até bíblico. Tanto é que muitos políticos da época, da classe alta, foram importantes para a expansão do Evangelho, né? Se não fosse também o próprio império de Roma, o Evangelho não teria se difundido tanto. É lógico que é Deus no controle, mas o Império Romano ajudou muito nessa expansão. Eu não acho pecado. Para mim, quanto mais crente na política, mais próximo do povo a política ficaria. A igreja tem todo o dever, todo o direito de participar. Aliás, nós, como brasileiros, participamos muito pouco da política. Mas eu creio nisso: quanto mais crente o camarada que entre lá no meio da política, melhor. Não concordo com o que aconteceu naquele começo do ano com aquela manipulação de massa [refere-se ao Oito de Janeiro e à tentativa de golpe], utilizando os coitados dos irmãos crentes, inocentes, pra fazer baderna lá. Nem todos eram crentes, ali. Tinha muito baderneiro. Agora, o que não pode é aquele negócio de igreja ter partido, como nós vemos no nosso país, infelizmente. Tem certas denominações que já têm até partido político.

Como muitos, Vanderson considera a partidarização da igreja um mal, mas tolera e até aplaude a "evangelização" da sociedade e da política. Ele não parece ser consciente da evidente contradição. Isso vai ser algo que se repetirá em muitas das entrevistas que iremos discutir aqui mais abaixo. A referência à politização da igreja abriu a oportunidade para perguntar em qual candidato Vanderson votou para presidente.

Oxe, claro que Bolsonaro! O "menos pior". Era o que eu falava: "Ó, eu tô votando no menos pior." Pra governador, votei em Tarcísio. Candidatos a deputado, não lembro. Eu votei em uns "menininho" aqui, que tenta ser político aqui do bairro. Alguns que eu conheço: "Eu conheço você desde pequeno, então, tem meu voto."

A ideia de que Bolsonaro é o "mal menor" é uma postura muito frequente no meio evangélico. Muitos acham difícil defendê-lo, sobretudo por conta da tentativa de golpe ao seu comando e por seu papel na pandemia – mas o fazem, assim como Vanderson. A partir daí, podemos ver todo tipo de acrobacia para justificar o voto. Bolsonaro tende a ser "normalizado" com seus defeitos sendo percebidos como defeitos de todos os envolvidos na política. Vemos como a criminalização da política foi, e ainda é, fundamental na sua estratégia e apelo político. Quando perguntei sobre sua avaliação do governo Bolsonaro, Vanderson respondeu o seguinte:

Do governo Bolsonaro? Apesar de ele ter falado muita bobagem, como é de praxe, afinal, se um político não falar tanta bobagem, não é político brasileiro – eu achei muito honesto e bom em termos de pautas. Embora nisso a pandemia tenha atrapalhado muito, né? Mas eu votei nele, de boa. Só achei errado esse último lance dele, de querer militarizar. Isso já não concordei. Porém, sabemos que nossa política tem muitos barões, né? Então eu não tinha nada o que falar, a não ser essa última mancha que ele teve, no finalzinho, tentando ficar no poder. A verdade é que outros partidos também querem sempre isso aí.

O resumo da resposta de Vanderson pode ser elaborado da seguinte maneira: prestar, Bolsonaro não presta – mas, como ninguém presta, ele está na média geral. As bobagens que diz, as mortes que causou na pandemia e até a tentativa de golpe de Estado, tudo fica em segundo plano, já que ele seria "honesto", apesar de tudo. A contradição evidente permitiu um aprofundamento que viria na resposta seguinte, sobre qual valor ou ideia de Bolsonaro Vanderson acharia interessante.

Então, eu vou ser sincero. Não por eu ser crente, mas porque conheci e conheço muitas pessoas que vieram do PT. E também não por conta desse negócio de "direita, esquerda" e tal. Pra mim, pode vir qualquer camarada, qualquer político que venha disputar voto pelo PT, PSOL, essas "encrenca" aí, que eu voto sempre do lado branco da coisa – do lado negro, do lado vermelho, enfim! Porque as pautas deles são muito complicadas. Qualquer cristão, não só evangélico, deveria perceber mais. Porque eles não tão nem aí. Eles querem destruir a sociedade, liberar maconha. O negócio deles é só esse, entendeu? Eu votei no Bolsonaro mais por isso. Porque eu sabia que era o único que ia bater de frente com os "petralhas", como se diz por aí.

O antipetismo popular mostra aqui toda a sua força, e ela é evangélica. Se na classe média o falso moralismo da corrupção seletiva é decisivo, nas classes populares decisivo é o ganho compensatório do narcisismo da pequena diferença, que está embutido na rigidez moral e regressiva das igrejas evangélicas. Vale, como estamos vendo, qualquer malabarismo para conciliar visões que entreguem ao crente aquilo que ele mais necessita: autoestima em um mundo que o humilha desde seu nascimento.

Perguntado sobre a pauta LGBT+, Vanderson revela a estratégia típica do moralismo evangélico de acusar as minorias oprimidas de estarem pedindo privilégios inadmissíveis.

Eles pedem leis, e mais leis, e mais leis só pra benefício próprio, sendo que todos somos "todos iguais perante a lei". A classe política tem um tipo de lei pra eles, que defende eles. A classe LGBT+ quer uma lei que os defenda também. Aí vem a classe racial: é o negro, os "branco". Os negros, os morenos, os pardos querem leis pra eles. Depois vem o feminismo, né? As mulheres querem ganhar o mesmo salário que os homens. Imagine, se cada um vai puxando pro seu lado! Haja lei. Não vai poder nem piscar mais que você vai estar "infringindo a lei do grupo tal". Entendeu? O que nós vemos é isso, conflitos de interesses. Essa é a realidade. Eles não pensam em toda a sociedade. Eles querem uma lei só pra eles. Já pensou se os motoboys quiserem uma lei só pra eles, os taxistas outra lei? Onde nós iríamos parar? Então, que eu percebo é isto: pessoas querendo privilégio demais. Principalmente os dessas classes de LGBT+. Não tenho nada contra, cada um faz o que quer e não é da minha conta, segue sua vida. Mas não dá pra querer ter um privilégio maior do que o de um pai de família. A lei tem que ser boa e saudável pra todos.

A estratégia conservadora é acusar a justa compensação às minorias perseguidas de pretenderem um privilégio indevido e exagerado em uma sociedade igualitária. Isso é algo que já havia percebido desde nossa primeira pesquisa empírica com os membros da "ralé", excluídos e abandonados de tudo. São eles os mais meritocratas. São eles quem mais apoiam todos os preconceitos produzidos pela elite e seus prepostos conservadores para oprimir os negros e os pobres como Vanderson.

O que é óbvio e não deveria causar surpresa, já que são também, pelo seu abandono e exclusão, os menos aptos cognitiva e emocionalmente para se defenderem. Desse modo, se tornam presa fácil da oposição entre o pobre decente (ou "homem de bem") e o pobre indecente ou criminoso. É a partir dessa falsa e artificial distinção operada pela orientação sexual que faz com que Vanderson, e muitos como ele, sintam-se "moralmente" superior aos seus irmãos de infortúnio.

Esse fato da tentativa desesperada de se dissociar dos desonrados – por definição, o negro e o pobre na nossa sociedade – faz com que Vanderson assuma todos os preconceitos contra os de sua cor, como fica explícito na resposta sobre a necessidade ou não da câmera dos policiais nas suas abordagens.

A câmera por um lado ajuda, por outro lado não. Ajuda por causa dos excessos. Muitos policiais cometem excessos. Porém, também inibe muitos policiais de né? Todo polícia age na força, porque ninguém tem escrito "bandido" na testa [passando o indicador na própria testa], *mas as caras dos camaradas às vezes já denunciam. A tua cara já denuncia, né?*

A cara que denuncia, sabemos todos, é a cara do negro pobre, assim como a de Vanderson. Ele, no entanto, é convidado a participar de um contexto moral em que assume o olhar do seu opressor como se fosse seu. Vanderson "embranquece" ao ficar do lado do opressor contra seu irmão negro perseguido. É essa traição que se exige para todo negro que queira ascender entre nós. A ascensão tem que ser individual – como no identitarismo neoliberal de hoje – e assumir, como se fossem seus, os ódios dos opressores contra os seus iguais. É exatamente o que o moralismo evangélico almeja: parasitar a própria vulnerabilidade social de sua clientela para vender uma fantasia compensatória de participação na moral elitista dominante.

Ao perguntá-lo se já havia sentido xenofobia – sempre uma forma mascarada de racismo "racial" –, Vanderson conta o seguinte:

Não. Até porque, aqui no Jardim Ângela o que mais tem é nordestino. Cheguei a conhecer algumas cidades em Santa Catarina. Cheguei a conhecer o Paraná, também. Uma cidade chamada Cornélio. Mas, pelo menos aqui em São Paulo, e também no Nordeste, lógico, você vê o povo também muito humilde. Já nesses estados, você vê um povo muito mais fechado, tanto em Santa Catarina quanto no Paraná. Nesses termos aí, de xenofobia, mais nesses estados. Aqui, não. Assim, tem esse negócio de: "Só podia ser baiano, mesmo", essas coisas que vem do passado. "Ô, pernambucano", "Ô, alagoano". Mas em termos de ira contra a pessoa só porque ela mora aqui, na periferia nunca vi isso, não.

Logo a seguir, no entanto, lembra-se de casos que presenciou também em São Paulo.

Eu trabalhava num escritório de commodities. Aí lá, sim, tinha um camarada, um sócio de um ex-patrão nosso. Com as coisas dele, as palavras dele, o jeito dele, ele era xenófobo. Porque também ele filho único, cresceu lá no Paraíso, bairro nobre e tal. Nunca saiu da região central de São Paulo. O máximo que ele ia era a Vila Olímpia, então ele era muito de falar algumas frases tipo: "É, esse baiano", "esse nordestino", mas ele não falava conosco. Ele falava com o patrão dele, com umas outras pessoas e, às vezes, com quem ele falava por telefone.

Por fim, perguntei como Vanderson se vê hoje, tendo um pequeno comércio que construiu na garagem da casa da mãe. Ele diz: "Tô na fase de construção, ainda. Consegui botar um ponto comercial na garagem da minha mãe, né, na realidade. Sou empreendedor Sonho de um empreendedor."

Ederson

Ederson é negro, carioca e mora em São Paulo desde os quatro anos. Mora no Capão Redondo, zona periférica de São Paulo.[15] Seu pai se mudou para São Paulo porque não teria se habituado à malandragem carioca.

No Rio de Janeiro foi sempre muito quente! E meu pai nunca se adaptou ao clima. E também à diferença de trabalho. Mesmo sendo ainda funilaria e pintura, parecendo a mesma coisa, a cultura deles de trabalho, de preço, de modelo de trabalho, mesmo, é totalmente diferente.

---

15 Nos anos 1990, Jardim Ângela, Capão Redondo e Jardim São Luiz compunham o chamado "triângulo das bermudas" ou "triângulo da morte", por serem bairros vizinhos com altos índices de violência – em especial no Jardim Ângela.

Muita malandragem, sabe? E aqui o negócio era mais sério. Sempre foi muito sério. Então meu pai não conseguiu se adaptar de jeito nenhum. É outra situação.

O novo paulistano, vindo do Rio, já introjeta toda a mística que desenvolvemos acima – do "excepcionalismo paulista" – na sua versão popular da oposição trabalho/preguiça. Ederson incorpora uma espécie de tipo ideal do evangélico da periferia. Como todo pobre, é refém de todos os preconceitos que a elite construiu para oprimi-lo. A começar pela oposição entre "SP do trabalho" (o que mostra o que discutimos acima sobre a penetração do "excepcionalismo paulista" em todas as classes) e "RJ da vagabundagem".

Questionado sobre sua vida escolar, Ederson responde que sempre frequentou a escola pública. Sua vida foi de "trampo a trampo" desde os 11 anos, quando começa a ajudar o pai na funilaria improvisada. No entanto, teve que fazer faculdade "na marra":

Eu, com 11 anos, trabalhei com meu pai quando fui pra Aracati. Trabalhei com ele na oficina. Porque como o terreno era grande, ele pegou e montou o salão – fez o salão na frente, montou a oficina, e eu trabalhei com ele até os meus 18, 19 anos. Só que quando eu tinha 19 anos, meu pai... Não é que ele era muito rígido, ele era muito certo. Sabe quando a pessoa é muito certinha? Começou a não dar certo nós dois juntos. Aí eu falei: "Ó, pai, não tá dando certo. A gente não tá dando certo. Tá dando muita discussão, muita briga, eu vou tomar meu rumo." Fui procurar emprego, e ele falou: "Vai, meu filho, vai lá." Arrumei um emprego em uma empresa de office boy. Fiquei acho que 8 meses. Aí eu saí e fui para uma administradora de condomínios, fiquei uns 3 anos. Em 2001, eu entrei em um escritório de advocacia e fiquei até 2013. Eu entrei como office boy interno, lá, e fui crescendo, sendo promovido. Aí chegou num ponto em que mudou a gerência, mudou a gerente. Uma dessas gerentes era bastante exigente, e perguntou quem era formado e quem não era. Depois de um tempo, ela avisou: "Quem não tem faculdade, vai ter que começar a fazer. No próximo ano, tem que estar fazendo faculdade. Quem não entrar, infelizmente, vou ter que dispensar". Foi simples assim, direta e reta. Então eu comecei a estudar e fui atrás da faculdade. Fiz gestão financeira na Unip. Aquele curso mais rápido, de dois anos, porque eu precisava de diploma, precisava de faculdade pra poder ficar na empresa. Eu fiz tudo e consegui ficar lá até 2023. Aí esse foi o curso que eu fiz, que foi a faculdade, né?

Ederson hoje assumiu a antiga funilaria improvisada do pai porque batalhou, sem sucesso, apesar de formado, por um emprego melhor. Ele se casou e teve dois filhos. Evangélico desde criança por influência dos pais, também considera a igreja fundamental na educação dos filhos. Aliás, mudaram de igreja, dentro da denominação batista, para uma que oferece infraestrutura para as crianças. Na vida do pobre, a igreja é tudo, inclusive lazer.

Quando perguntei sobre o motivo da igreja ser fundamental na educação dos filhos, Ederson respondeu o seguinte:

Acho que por conta do ensinamento em si, da Bíblia, mesmo. Com relação ao respeito aos pais. Começando dentro de casa, como o próprio Jesus ensinou, que a gente vai ter mais anos de vida na terra se honrarmos nossos pais e mães. Esse ensinamento, logo de cara, é fundamental, porque é o futuro deles, né?

E para os adultos, você acha que a igreja ajuda a tomar melhores decisões políticas?

Cara, pensando na minha, por exemplo, o Bolsonaro, tem os problemas que ele teve, né? Umas condutas que muita gente não concorda, mas se você comparar com o governo de hoje, ele era um cara que pensava em família, um cara que a esposa era cristã. Ele tem uma ideologia voltada ao cristianismo, mesmo, né? E meu pastor sempre apoiou isso.

A influência do pastor era mais direta ou indireta?

É mais indireta. Ele falava e deixava em aberto. Cada um tem o livre--arbítrio pra votar em quem quiser, né? Mas, por mais que seja estratégia política do Bolsonaro de querer conquistar a família pelo lado da igreja, cara, é a melhor opção! Como os princípios cristãos estão atrelados a ele, então você acaba indo mais pro lado dele. Meu pastor não era tão explícito, mas ele meio que dava aquelas indiretas, entendeu? Pra dar uma incentivada no povo.

Para bom entendedor, meia palavra basta, né?

Isso! Exatamente. Mas, assim, eu procuro nem misturar muito igreja com política. Porque isso já é uma cultura antiga aqui no Brasil, né? Eu, particularmente, não concordo com o pessoal da política que usa a igreja pra se beneficiar. Mas, infelizmente, é uma coisa que acontece muito hoje.

Ederson nos permite uma entrada interessante no *modus operandi* evangélico. Nenhuma outra questão importa, a não ser os "valores familiares" que estariam ameaçados por um presidente não cristão (leia-se não evangélico e não ungido pelos pastores). Sobre o resto da vida social, nenhuma palavra. Até mesmo pelo foco nessa questão fica claro, para o crente, que ela é o dado essencial. Coisa que ele havia experenciado consigo próprio e na sua família, com ajuda e apoio ao invés de abandono. Como sua boia de salvação é o moralismo mais grosseiro e rígido, ele não tem outra opção a não ser seguir o rebanho. Como toda religião, o cristianismo emotivo evangélico quer controlar o corpo e a alma do fiel.

Questionado se o país teria regredido com Lula, a resposta de Ederson é taxativa:

Ah! Piorando, sem dúvida! Eu não consigo entender até hoje como é que o Lula tá no poder. Depois de tudo o que ele fez, de tanta corrupção, de todas as provas que contra ele, das pessoas que estavam em volta dele, de tanta coisa errada, tanta roubalheira. E quem sofre com isso é o povo. Bolsonaro se queimou por conta da questão das vacinas na pandemia, e Lula se beneficiou disso. E o que ele faz? Promete coisa que ele não pode cumprir, porque o objetivo dele é a pobreza, e aí mira em quem? No pobre. "Vou dar picanha", muita gente cai. Eu ainda não sei se essa votação foi real. Muita gente fala que foi estranho, porque os números foram muito próximos. Por mais que o Bolsonaro tenha feito algumas coisas erradas, principalmente na pandemia, o Brasil tava melhorando, a economia tava melhorando com o Guedes lá, cara! Aos poucos, mas tava melhorando. E aí entra o Lula e a primeira coisa que ele faz é trazer o presidente da Venezuela, o Maduro, cara! Ditador, mano! Pelo amor de Deus! E o tanto de dinheiro que o governo deu, na época do Lula, pra esses países de fora enquanto o Brasil estava precisando tanto. Os caras dando dinheiro pra fora, e o povo aqui só se ferrando.

Ederson é vítima de todas as fake news construídas para criar uma realidade alternativa imaginária e protegida por uma bolha religiosa de pessoas que experimentam, pela primeira vez, o fato de ter uma opinião e de ter a impressão de que ela é relevante para alguma coisa. Eles se sentem parte da política e não mais alijados dela. Não é uma opinião própria, nem independente, mas "parece" ser dele. Toda as vezes em que foi perguntado sobre essas questões políticas, a ambiguidade e a confusão eram a marca de todas as respostas, ainda que o ponto de vista conservador seja dominante. Vejamos o que ele diz sobre segurança pública e a necessidade de câmeras para os policiais:

O governo de hoje, assim, ele protege muito o ladrão. Esse negócio de direitos humanos, assim, ele protege muito o ladrão. Se você tem câmera, você fica inibido de dar uma correção pro cara que tem que ser. É mas, também, tem uns caras que se aproveitam, tem policiais que são corruptos que se aproveitam da situação e às vezes matam um inocente também, entendeu? Então, assim, eu acho que a questão da câmera até que é boa, porque sei lá, evita os cara de matar inocente. Porque já teve caso dos cara matar inocente, entendeu? Evita... abuso de poder dos cara, entendeu?

Apesar de perceber o mal uso da força e o abuso policial, a ética do "bandido bom é bandido morto" (quase sempre um negro, como Ederson) domina a visão de mundo de Ederson e de muitos de sua classe. De resto, ele confirma toda a visão conservadora, a começar pela família e pela "ameaça" LGBT+.

Ah, cara, eu vejo muito a questão da internet. A internet hoje é um veneno para as crianças. Na escola do meu filho, uma escola cristã, da Adventista[16], tem criança com oito anos que fala coisas que te deixam chocado: "Eu não gosto de gosto de menina", "Eu vou, casar com homem", entendeu? De onde que eles tiram isso? Como que, com oito anos, a criança já sabe o que é gay, o que é lésbica? Não poderiam já estar falando um negócio desse. Isso em uma escola evangélica! Imagina numa escola pública, que já tem o aval de poder usar aquelas apostilas que, na época do Bolsonaro, eles tiraram, mas não sei se agora voltou. Agora imagina isso tudo na cabeça de uma criança que não tem o acompanhamento dos pais, que tá na mão de um governo desses que não tá nem aí? Pra eles, é abertamente livre, é tudo normal. Então a tendência de uma criança dessas, Deus me livre!

Ederson parece acreditar piamente no "kit gay" e em uma ameaça à família tradicional formada por homem e mulher. Para ele, foi Bolsonaro quem os livrou da ameaça do "kit", mostrando a realidade virtual em que habita. Como quase todo pobre de direita, Ederson abomina

---

16 A região do Capão Redondo, Campo Limpo e Jardim Ângela contém a maior população de fiéis da Igreja Adventista do Sétimo Dia no mundo.

o Bolsa Família e, por contiguidade, os nordestinos tidos como únicos beneficiários:

Como lá no Nordeste é tudo mais barato, eles só recebem esse Bolsa Família, pagam o que tem que pagar e vão pro bar beber, jogar sinuca. Acaba deixando os caras tudo vagabundo, não querem trabalhar! Você tem um governo que pode te pagar um salário, uma ajuda de custo, então você não vai correr atrás de emprego, não vai atrás de nada, entendeu? Eu acho que falta controle.

Todos os preconceitos elitistas contra os pobres são percebidos por Ederson como se fossem seus. Esse é o processo de branqueamento real em ação no nosso país – e a forma como ele opera na consciência do oprimido. Um preto que pensa como branco e odeia seus irmãos. Para que não falte nada da visão de mundo bolsonarista associada à igreja evangélica, que Ederson passa a defender como se fosse escolha própria, temos sua última fala bem significativa de tudo o que estamos discutindo aqui:

Esse Alexandre de Moraes, por exemplo, ele manda em tudo, parece que o cara é que é o presidente! Ele que manda em tudo. Eu tiro essa medida muito pelos Estados Unidos, um país que eu admiro demais. Já tive a oportunidade de ir pra lá. Já passei férias lá com minha esposa. E, cara, é um país sensacional em termos de organização, de respeito, patriotismo. Em cada casa você vai ver uma bandeira dos Estados Unidos. A cultura deles é sensacional e eles pensam no povo.

Marluce

Marluce teve a mesma vida de todos que estamos analisando aqui. Afinal, a maioria da clientela evangélica provém das classes populares. Nasceu em Parelheiros, região periférica de São Paulo, e, como quase todo mundo da periferia da grande metrópole, é filha de nordestinos. Frequentou a escola pública no primeiro e no segundo grau e, também como quase todos de sua classe social, teve que trabalhar desde muito cedo.

Comecei a trabalhar com 15 anos. Nada registrado. Tinha uma vizinha que precisava de alguém pra limpar a casa, então eu ficava uns dias limpando a casa dela, tipo duas vezes na semana. Cada dia que eu ia, ela me pagava 50 reais. Depois eu ajudei a cuidar de criança. A outra vizinha tinha quatro filhos, eu ajudava levando pra consulta, essas coisas. Aí eu conseguia meu dinheirinho. Quando eu fiz 17, na rua onde eu morava, mesmo, teve um vizinho que abriu uma fábrica de chicotes eletrônicos[17] *que fazia alguns cabos elétricos de máquina de bingo, máquina caça-níquel. Precisava de mão de obra barata, sem registro, pra trabalhar. Aí com ele eu trabalhei mais ou menos uns quatro anos.*

Quando se tornou adulta, Marluce trabalhou muitos anos em telemarketing, um trabalho do qual não gostou, e agora é auxiliar administrativa em uma Unidade Básica de Saúde (UBS) na periferia da capital. Marluce se tornou "bleia" – apelido de quem é fiel da Assembleia de Deus – somente aos 28 anos, em uma igreja de sua região. Foi lá que conheceu seu atual marido. Os dois eram ativos na igreja, e acabaram se conhecendo e se apaixonando.

Para ela, a igreja foi fundamental para a incorporação de uma nova ética do trabalho:

Ah, ajuda, sim. A igreja desenvolve alguns perfis na gente que, por exemplo, eu mesmo não me via neles. Tipo liderança, né? O perfil de liderar jovens, de ser modelo para alguém, trazer uma visão pra alguém. Isso aí

---

17 Na verdade, a entrevistada se referia a "chicote elétrico", um condutor de energia para automóveis e outras maquinarias.

a gente acaba desenvolvendo na igreja e vira até algo natural, do seu dia a dia. Esse negócio de delegar funções, de organizar as coisas. A igreja trabalha muito assim: "Ah, temos um projeto", e aí pra realizar o projeto precisamos entender ele, definir tudo certinho como forma de execução, qual valor precisa ser arrecadado, qual a forma de arrecadação, horário, roupa, programação. Então, a gente trabalha com tudo isso na igreja e no serviço isso não é diferente. Como eu comecei a ser organizada para as coisas da igreja, isso se refletiu no serviço isso refletiu também. Aquele perfil de liderança. Onde eu tô, praticamente não preciso de uma chefia. É a gerente tratando comigo. Você vê que eu não preciso mais que alguém fique mandando eu fazer as coisas. Eu já tenho um olhar mais amplo. Eu acredito que é por conta da igreja, mesmo. Por conta desse convívio da igreja.

Mas a vida do nordestino não é fácil em lugar nenhum, e Marluce, que nasceu em São Paulo, mas se considera baiana porque toda a sua família vem da Bahia, tem muito a relatar sobre preconceito e xenofobia – mero eufemismo para racismo "racial", como estamos vendo no decorrer deste livro:

Já ouvi coisas sobre a localidade, né? Porque minha família é toda baiana, então eu falo também que sou baiana. Sou de São Paulo, mas eu também sou baiana porque eu tenho sangue de baiano. Uma mistura, porque minha mãe é de Pernambuco. No Sul, a gente ouve: "Ah, isso é coisa de nordestino". Umas piadinhas, sabe? Tipo: "Nossa, que baianada que foi feita aqui", uns comentários assim, mesmo. E me incomoda isso de sempre comparar o Nordeste com alguma coisa ruim. Sabe? "Ah, é coisa de desleixado, é coisa de nordestino." E não é! Não é! Se você parar pra pensar, a cidade de São Paulo só tá construída hoje por causa desse povo todo que veio do Nordeste trabalhar aqui, né? Eles ajudaram no desenvolvimento. Eles não são menos importantes, não são menos inteligentes por conta disso. É bastante trabalho braçal? É.

Mas não é pra desprezar, muito menos por ter vindo veio do Nordeste. O Nordeste, se você for visitar, é muito lindo! Eu teria muito orgulho de dizer: "Eu moro lá na Bahia", "Eu moro em Pernambuco". Você já viu as praias de lá? Limpíssimas! Aí você vem para as praias no litoral sul de São Paulo, tudo largado.

Outro tipo de preconceito que incomoda Marluce é o exercido pela orientação religiosa. Para ela, o "crente", como se designa comumente o evangélico, é vítima de um preconceito virulento e desrespeitoso.

Tipo: "Ah, crente é tudo doido", "Crente é tudo fanático, só Bíblia", né? Principalmente quando você é cristão e se identifica como cristão, seja na faculdade ou seja no trabalho, qualquer atitude sua é: "Pera aí! Você ficou brava? Mas você não é cristã?". A sua referência é o cristão, né? Você tem que agir com uma atitude que, pra eles, é a coerente, né? Eles esquecem que você é ser humano.

Quanto à pauta de costumes – como a orientação sexual e estilo de vida –, a posição de Marluce é mais matizada, sobretudo se comparada às falas dos homens que estamos entrevistando, que exalam homofobia reprimida. Para ela, cada um pode e deve definir ser quem se quer ser, mas não aceita que as igrejas sejam obrigadas, por exemplo, a realizarem casamentos homoafetivos:

A ideia de "Eu vou obrigar as religiões a aceitarem e fazerem os casamentos dentro das suas igrejas" fere um princípio cristão. É meio complicado. Quando é por lei, pelo cartório, meio que tipo, o cartório tem uma diversidade, ele é para todos os brasileiros. Agora, a religião já é uma outra coisa. É uma outra vertente. Então, é meio complicado dizer: "Eu vou obrigar os pastores a fazerem o casamento homoafetivo". Eu não concordo com essa obrigação porque fere, realmente, os mandamentos, tudo o que a gente vê na Bíblia. Ah, tudo bem, a Bíblia é antiga, tem mais de 2 mil anos e tudo o mais. Mas o máximo que a gente pode absorver e fazer com aquilo que tá escrito, a gente faz. Né?

Também em relação à política – e ao entrelaçamento entre religião e política –, a opinião de Marluce é mais refletida e crítica. Para ela, as duas coisas não devem se misturar tanto, e não considera razoável que a igreja leve candidatos ao púlpito.

Eu não concordo, por exemplo, com ficar chamando candidato e fazendo boca de urna dentro da igreja. É importante você parar e pesquisar, né? Eu vou votar em quem? Qual é o projeto de lei dessa pessoa? Quem é essa pessoa? O que ela já construiu de projeto político no Brasil? Tem a ficha limpa? Condiz com o que eu tô pensando? É o mínimo. É o mínimo de todo cidadão e de todo cristão também. A gente não pode se apartar disso.

A escolha por Bolsonaro para a presidência não foi uma escolha fácil nem feita com entusiasmo por Marluce. A postura de Bolsonaro na ocasião da covid-19 foi um episódio decisivo para essa dificuldade. Mas a necessidade existencial de uma "boia de salvação moral", ou seja, alguma dimensão da vida onde alguém como ela pudesse ser vista – pelos outros e por ela própria – como uma pessoa "respeitável" foi o aspecto decisivo da escolha, aparentemente irracional:

Foi uma batalha. Eu meio que me senti sem opção, mas acabei votando no Bolsonaro. Por incrível que pareça. Eu não concordei com todo o modo de política dele, e a postura dele diante da covid, achei bem decepcionante. Mas eu via que ele também seguia, não sei se por coação, por uma linha da família, da preocupação com os lares, com o que estavam apresentando de material escolar e tudo o mais. E aí eu acabei indo por essa linha. Falei: "Bom, até agora foi o que me pareceu melhor, vou nesse."

Se nos aprofundarmos nas razões da escolha de Marluce, logo teremos o rastro do antipetismo cevado pela grande imprensa durante vários anos. Para muitas das classes populares, o simples bombardeio midiático generalizado parece ser um atestado da verdade. O debate sobre as irregularidades da Lava Jato nem sequer chegou a ser acolhido nesse meio.

Eu fiquei com pé atrás com o PT. Desde quando o Lula foi preso, eu não voto mais no PT. Até porque eu acho que, na verdade, ele nunca saiu do poder. O Lula saiu, ele deixou a Dilma, mas, pra mim, ela sempre foi manipulada por ele. Então, querendo ou não, é meio que um comunismo ali. Eles estão presos naquela cadeira, num domínio, por muito tempo. Eu não vejo uma grande diferença. E sempre a saída é dar uma bolsa. É bolsa pra isso, bolsa pra aquilo. Que nem, agora, o carro-chefe dele foi "dar picanha". Eu não quero! Eu consigo trabalhar e ter uma picanha. Eu quero algo mais efetivo. Eu queria uma escola mais bem estruturada, entendeu? Então, assim, são projetos de leis que não me agradam. Ainda são candidatos que já tem a ficha suja. Então, eu não vou votar assim. Também não foi uma escolha muito feliz no Bolsonaro, mas a gente vai tentando.

A penetração do antipetismo popular está umbilicalmente ligada à ampla aceitação da meritocracia, sobretudo entre os mais pobres. Como sempre, os mais oprimidos são os que possuem menos condições de se insurgir contra os valores que os oprimem. A reflexão de Marluce sobre o Bolsa Família e outras cotas sociais refletem perfeitamente essa aceitação acrítica. Para ela, o Bolsa Família não deve apenas "dar dinheiro", mas, também, exigir contrapartidas – que já existem, mas Marluce e muitos pobres não sabem.

Com essas bolsas, tipo Bolsa Família, eu até concordo, em um certo nível. Pra família de extrema pobreza, mesmo. Que não teve oportunidade pra nada. Ter uma forma de tirar essas pessoas da extrema pobreza, beleza.

Mas eu acho que não é só dar o dinheiro, tinha que ter uma cobrança. Por exemplo: "Vou te dar um dinheiro, mas quero que você matricule na escola tua filha." Ou: "Vou te dar um dinheiro, mas você tem que procurar trabalho." Ou dar um curso pra essa pessoa, preparatório para um trabalho. Eu sempre aprendi que devemos "correr atrás". Vamos fazer acontecer, né? Agora, já tenho uma visão um pouco diferente quando se trata de estudo. Por exemplo: bolsas de estudo. Acho que tinha que ser que nem nos países de Primeiro Mundo: todo mundo que estudasse, tinha que ter direito ao acesso à faculdade. E aí vai concorrer quem consegue o acesso às melhores faculdades. Entendeu? Quanto melhor nota tiver, a melhor faculdade vai estar mais ao teu alcance. Mas todos deveriam ter o direito de ir pra faculdade. Infelizmente, isso não acontece. O ensino público é defasado, vai pra faculdade pública quem tá na escola particular. Inversão de valores. Eu acho que quem estudou em escola pública, sim, deveria ter sua oportunidade de bolsa, de cota, seja o que for. Ter, pelo menos, mais uma oportunidade. Nessa vertente de estudo, acho que quanto mais oportunidade, melhor.

A opinião mais matizada de Marluce se deve provavelmente ao seu relativo maior tempo de estudo, inclusive universitário. No entanto, percebemos na fala de Marluce o quão difícil é o avanço de alguém mais pobre, mesmo que tenha determinação e vontade de estudar. Em seu caso, o estudo não a levou mais longe. Parece que o diploma não melhora a sua vida. Isso a fez tomar um choque de realidade e não esperar tanto do estudo.

Depois que eu terminei o ensino médio, eu fiz o curso de artes visuais. Faculdade. Mas no último ano, desisti. Não quis mais. Comecei a trabalhar, fui fazer estágio, me decepcionei muito com a realidade. Aí eu falei que não queria mais esse caminho escolar. Tranquei a faculdade e não voltei mais. Hoje, eu faço faculdade de teologia. Estudo todo dia. Estou no terceiro ano. E, assim, eu gostei muito porque tirou algumas dúvidas minhas dessa parte religiosa, do cristianismo e tudo o mais. E de outras vertentes também, de outras religiões. Mas eu também não vou trabalhar nessa área, né? Eu vou terminar a faculdade de teologia e pretendo fazer gestão hospitalar em algum momento, pra me manter na área da saúde, mas dentro desse olhar administrativo.

Edvani

Edvani nasceu em Jardim Progresso, na periferia da Zona Sul de São Paulo. Apesar de ter estudado em uma escola particular perto de casa até a oitava série, sua vida não difere muito dos perfis aqui analisados. O segundo grau ela teve que fazer na escola pública e já trabalhar – como sempre, sem carteira assinada – a partir dos quinze anos.

Edvani teve uma família estruturada, com pai e mãe morando juntos, mas o decisivo aqui é a escola precária, seja pública ou particular, e a necessidade desde muito cedo de combinar trabalho e estudo. Essa é a condenação do pobre, que, nesse contexto, mesmo se conseguir vingar e ter acesso a alguma forma de qualificação do trabalho, sempre trará as marcas da socialização escolar precária. Ela nasceu praticamente dentro da igreja, a Assembleia de Deus, na qual seus pais já eram ativos e envolvidos. Edvani guarda boas lembranças desse período de sua vida.

Importante, pra mim, foi partilhar momentos, ali, com as pessoas. A troca de ideias. Teve também um grupo de estudo bíblico que nós fizemos. Inclusive, bem legal! Eu pude aprender bastante. Acho que é isso, a troca entre as pessoas – de conhecimento, tudo, no geral. Eu curtia muito estar junto da galera. E tinha momentos de louvor aos sábados, que eram os encontro dos adolescentes. Tinha louvor, tinha ministração. Bem legal. A Bíblia é muito complexa, né? Assim, não é fácil. Mas esse grupo de estudo me ajudou a enxergar algumas coisas que eu não conseguia enxergar, eu mesma, lendo. Ajudou a ter o conhecimento de ler a Bíblia, né? Uma forma boa de interpretar.

A igreja fornece aos pobres praticamente tudo o que eles precisam. Como o abandono social dessas pessoas é profundo, passa a ser um espaço único de sociabilidade e ajuda mútua. Como todos precisamos dotar o mundo de sentido e de pertencimento, é aí que a igreja evangélica – que, como toda igreja, dá o que os clientes querem – mostra toda a sua força de arregimentação popular.

Na verdade, a igreja somos nós, né? Estar na igreja, com um líder, é estar com alguém que intercede por você, com uma espiritualidade maior, ou melhor, com uma força maior pra ajudar espiritualmente. Então nisso eu vejo importância da igreja, hoje. Né? Não que a tua oração, teu pedido não cheguem lá em cima, mas eu acredito que a gente precise dessa rede de apoio, de uma oração maior. Uma cobertura espiritual![18]

Questionada acerca de suas posições políticas, Edvani não se sente tão à vontade. Para ela, é o mesmo que falar sobre algo que não se compreende. A influência da igreja vem preencher esse hiato. Quando falo sobre a mistura entre religião e política, ela responde:

Eu não entendo muito de política, não, viu? Mas eu acho que são áreas totalmente diferentes. Eu não vejo que tem uma ligação entre política e religião. Na minha cabeça, os dois não se ligam. Existem discussões na igreja sobre isso. Então, como eu vou de vez em quando, né? Fui a um culto antes da eleição e eles pediam para orar pela nação.

---

18 "Cobertura espiritual" é uma expressão recente, surgida depois do advento do neopentecostalismo, mas adotada por várias denominações para indicar ou legitimar a maior capacidade de discernimento, sabedoria e atuação religiosa dos pastores. A "cobertura espiritual" do pastorado diz respeito à capacidade da liderança de atender sua membresia e garantir que ela esteja protegida e cuidada no âmbito espiritual. No limite, essa cobertura pode ser tanto compreendida positivamente, como cuidado, quanto negativamente, por meio de ameaças do tipo "estar fora da cobertura espiritual de um pastor" ao sair da igreja e, portanto, à deriva ou sob risco de perder a fé ou não cumprir com o necessário para estar espiritualmente bem, "desviar-se". Nota de Bruno Reikdal.

Independentemente de quem fosse ganhar, eles estavam orando pela nação, então que fosse feito o melhor pela nação. E foi isso. Não levantaram bandeira. Se levantaram, eu não vi. No dia do culto que eu fui, eles tavam orando pela nação.

A influência e manipulação política, muitas vezes, como no caso de Edvani, não ocorre de modo explícito. Como na passagem acima, os nomes dos candidatos não são ditos, e a influência óbvia no caso – já que orar para a "nação" nesse contexto é orar para Bolsonaro – torna-se ainda mais eficiente, visto que se dá como se não acontecesse. Edvani se sente representada pelo bolsonarismo – como sempre, por dois fatores que se combinam: a pauta de costumes conservadora e regressiva e o tema da (in)segurança pública:

Assim, não que eu seja contra, tá? Não. Nada contra os LGBT+, mas tudo isso tá se tornando muito explícito, e preocupa por conta das crianças. Hoje eu tenho minha cabeça formada. Mas, querendo ou não, as crianças crescem num mundo com essa influência. Se hoje meu filho está aqui, e eu sou casa com uma mulher, no futuro ele pode se casar com um homem! Ele pode casar com mulher? Pode, mas a tendência é de que os filhos se espelhem nos pais.

Sobre a questão da segurança pública, sua resposta foi a seguinte:

Pela liberação, pela liberdade que tá em tudo hoje, você não tem mais segurança de sair na rua, durante a noite Você sai sempre com medo. Eu fui roubada dentro da minha casa! Entendeu? O portão tava aberto, entraram e levaram a moto. Que segurança eu tenho? Tá ficando muito liberal, e ninguém é punido. Essa liberação toda me preocupa. Tanto na questão que levantei antes quanto nessa questão de segurança, em tudo.

Edvani também não nos decepciona quando perguntamos acerca do terceiro tema fundamental para a extrema direita, que é a crítica a qualquer ajuda do Estado. Ainda que a opinião de Edvani seja mais matizada do que a da maioria das entrevistas acima – isso parece ser uma qualidade feminina por nossa amostra – ela repete muitas das críticas elitistas contra os mais pobres.

Interessante, nesse contexto, é que Edvani, quando questionada mais adiante sobre as cotas universitárias, sendo obviamente uma mulher parda e, portanto, afrodescendente, percebe-se como "branca" e reflete como se esse fosse o seu lugar efetivo. Esse fato é uma espécie de corolário do processo de embranquecimento entre nós: a perda da referência racial vai junto com a perda de seu lugar social e político, assumindo os preconceitos elitistas como se fossem seus.

Acredito que o Bolsa Família pode ser bom pra quem realmente precisa. Mas conheço muitas pessoas que não têm necessidade e recebem. Isso torna a pessoa preguiçosa. A pessoa que eu conheço não trabalha, não faz nada, só vive disso. Não tem uma inspeção pra conferir se a condição da pessoa é verdade ou não, entendeu? Então, é muito fácil você conseguir Não, mentira! Não é fácil não, porque eu tentei e não consegui. É verdade! Até hoje nunca saiu. Mas agora eu tô trabalhando, então né? Eu acho que quem realmente tem necessidade, tem que ter ali Poderia ter alguém, alguma assistente social que fosse acompanhar a necessidade da pessoa. Eu vejo por esse lado. Tem muita gente que usa de má-fé. É bom, sim, pra quem realmente precisa. Mas muita gente que age de má-fé.

Sobre as cotas, sua opinião é a seguinte:

Eu acho que todo mundo tem capacidade. Tá? De conseguir passar, de estudar – todo mundo tem a capacidade. Cota você fala para os negros e essas coisas, né? Eu não sou a favor, mas não é porque sou branca.

Quando você faz o enem, lá na prova você não especifica se é branco. Na prova, não. Independentemente da tua pontuação. Tem isso quando você vai fazer o cadastro. Aí pedem, né? Mas, a sua pontuação é a sua pontuação. Independentemente de você ser branco, ser amarelo, verde ou azul. O que vale é seu conhecimento. Não vejo como uma coisa boa. Porque todo mundo tem capacidade. Assim como um branco Na prova, não vem nada escrito discriminando sua cor.

Edvani é presa fácil da suposta igualdade de oportunidades embutida no conceito de meritocracia. Em grande medida, é uma fiel típica do mundo evangélico – já que a possibilidade de crítica ao mundo social como ele é passa a ser mitigada ao máximo na maioria das denominações. E tem também o fato de se achar ocupando um outro lugar que não é o seu. As fake news nas quais Edvani acredita fazem o trabalho complementar de confundir e atordoar. Assim, Edvani, filha e neta de nordestinos, responde sobre o voto nordestino ter sido em Lula da seguinte maneira:

Eu não sei nem o que dizer. Mas, pelo que eu ouvi, por cima Para o pessoal do Nordeste O partido atual que hoje tá aí, atuando pra nós, ficou no cargo durante muitos anos e, querendo ou não, deixou muito a desejar. Principalmente, pra eles! Em questão da água, tudo. Pelo que eu vi, assim, por cima. Vi que no governo passado eles conseguiram finalizar essa questão, né? E realmente o povo do Nordeste foi e votou no partido que... [Arregalou os olhos com cara de desconfiança e deu um breve riso.] *Mas também tem aquilo: conheço muitas pessoas, tipo a minha vizinha que mora aqui embaixo, que votou no partido de hoje por questão do auxílio! Porque do partido do governo passado ela não tinha, e quando era desse de agora, ela conseguiu. Então, ela foi muito nessa questão. Eu não sei, né, se o pessoal acreditou que ia continuar no Bolsa Família. Porque a maioria do pessoal do Nordeste tem esse programa, né? Não sei se foram nesse pensamento. Como eu te falei, eu não sei se tem outros benefícios e qualidades, mas eu achei que não condizia com o que eu via – por cima.*

Jefferson

O caso de Jefferson é muito interessante. Sua trajetória é parecida com a de quase todos os outros, exceto por uma diferença fundamental. Jefferson chegou, com apoio da igreja, a cursar teologia e filosofia, e hoje é professor da rede pública do Estado de São Paulo. Isso acontece quando surgem influências relevantes – quase sempre, um adulto significativo, como o "Minduca" foi para Jefferson, como veremos mais abaixo –, que permitem uma variação na incorporação de capital cultural (o que proporciona não só um emprego seguro, mas também maior consciência social).

Jefferson teve, de início, a trajetória típica dos jovens das classes populares. O pai tinha uma pequena sorveteria em um bairro periférico de São Paulo e, tanto a mãe de Jefferson quanto ele trabalhavam na sorveteria – ele, desde os 14 anos. A dupla jornada de trabalho e estudo é uma espécie de condenação para as classes populares, já que não se pode fazer nem um nem o outro bem-feito. Os pais cursaram até o Ensino Médio, e esse seria o destino prefigurado para Jefferson.

Quando a sorveteria do pai quebrou, Jefferson era adolescente. O pai foi ser pintor de paredes – outra invariante dessa classe social são os "bicos", ou os empregos de quem aprendeu tudo na vida por imitação e não pela escola. Jefferson acompanhava o pai nos trabalhos de pintura. A certa altura, o adolescente, com 15 anos, era quem levava drogas para os auxiliares do pai nos trabalhos das casas da classe média. Essa atitude do jovem enchia os pais de tristeza, até que o próprio Jefferson decidiu que essa coisa de "trabalho braçal" não era para ele.

É aqui que entra o "Minduca", o hippie que vendia miçangas e que passou a aconselhar Jefferson nos seus passos para o futuro. Segundo

Jefferson, foi Minduca quem o "discipulou", ou seja, tornou-o um discípulo da doutrina religiosa. Minduca influenciou o jovem Jefferson a refletir sobre a própria vida. Como Minduca era cristão evangélico, foi ele quem evangelizou Jefferson defendendo a primazia da vida espiritual em relação ao mundo material. Minduca unia duas vivências improváveis: a do "hippie", no comportamento e valores de vida, e a do pregador evangélico. Jefferson disse que Minduca foi seu primeiro "profeta do deserto" do Antigo Testamento, ou seja, os profetas ascetas que desdenhavam das riquezas, e que vinham contar as verdades desagradáveis aos que esqueciam a palavra de Deus.

Sob a influência de Minduca, Jefferson decide estudar teologia e depois filosofia. Desse modo, quando ninguém mais da família nem ninguém mais da igreja tinha esperança de que Jefferson se evangelizasse, eis que surge um rapaz com novos sonhos e ambições. Essa conversão se deu quando a mãe de Jefferson, e depois ele próprio, sofreu de depressão. A igreja pagou a psicóloga, o tratamento psiquiátrico e, em seguida, os estudos teológicos e filosóficos de Jefferson.

Foi a igreja que pagou a minha psicóloga. Porque eu me aconselhava bastante com o pastor, né? E ele via que eu estudava bastante. Comecei a estudar bastante a Bíblia quando eu me converti, teologia. Mas aí o pastor falou que meu caso tava fora da esfera dele. Porque eram as mesmas crises. Ele falava as mesmas coisas, até que ele disse: "Jeff, eu acho que isso aí é psicológico." E me indicou uma psicóloga que não era cristã. Inclusive, a igreja financiou. A igreja transformou a minha vida. Não só nisso. Ela que me mandou pra faculdade, pagou minha faculdade, pagou minha moradia. Eu devo muito à igreja. Eu sou apaixonado por igreja, porque minha experiência foi profundamente positiva.

Por conta do apoio que teve na igreja, Jefferson conseguiu algo quase impossível para um jovem pobre da periferia: apenas estudar! Quando foi fazer filosofia na Faculdade São Camilo no Ipiranga, em São Paulo,

Jefferson estava empregado, mas deixou o emprego para se dedicar inteiramente aos estudos – um privilégio típico das classes médias que, assim, reproduzem seus privilégios.

Eu larguei o emprego. Aí meus pais me mandavam trezentos reais por mês, e me virei com isso daí pelos três anos, né, depois. No primeiro ano só que eu trampei. Eu trampei lá no Colégio Batista[19] como inspetor de alunos. Aí depois eu deixei e fui só fazer filosofia.

Em todo esse tempo, Jefferson teve o apoio da liderança da Igreja Batista, da família e dos pais. Foi certamente um sentimento de esperança para pessoas que o conheciam desde pequeno – e que o tinham como irrecuperável – vê-lo estudioso e aplicado, com um foco na vida que não fosse drogas e "rolês". Questionado sobre a influência desse apoio na sua vida pessoal, Jefferson me responde: "Eu me tornei gente por causa da igreja. Entendeu? Eu nem teria um trabalho se não fosse a igreja, né? A relação pra mim é direta, assim."

Quando começamos a discutir sobre a situação política, pude perceber a posição diferenciada de Jefferson no assunto, muito diferente de todos os outros casos que examinamos acima. O aspecto decisivo aqui é a capacidade de reflexão adquirida nos estudos teóricos de teologia e filosofia. Esse é o motivo que torna possível que Jefferson tenha distanciamento reflexivo e opinião própria. Comecei, como sempre, perguntando sobre a mistura entre política e religião no meio evangélico. Jefferson me disse o seguinte:

Ultimamente, eu vejo como desgraçada essa influência da igreja. Porque quando você mistura a religião com a política Não é que eu seja contra a

---

19 O Colégio Batista Brasileiro é uma instituição privada de ensino infantil, fundamental e médio, que é também confessional. Localizada em Perdizes, bairro nobre da cidade de São Paulo, foi fundada no início da década de 1920 por missionários batistas estadunidenses.

mistura. Eu sou a favor. Só que quando você sacraliza posições políticas, você Eu venho falando que tem sido recorrente, mais ainda nos últimos quatro ou seis anos, um certo tipo de terrorismo eleitoral. É, um terrorismo eleitoral. Se você não votar em alguém que Deus está mostrando como caminho de saída pra esse país, você não é crente. Entende? Então, por exemplo, saíram posts dizendo que os lugares mais quentes do inferno estão reservados para as pessoas que se mantém em posição de isenção em momentos de crise. E aí falaram que é do Dante Alighieri essa frase. Nem é dele! Mas colocaram como se fosse. Eu exponho, não tenho problema: anulei o meu voto nas duas últimas eleições. Então eu sou pior do que o cara que eles acham que é o pior, que é um endemoninhado. Eu sou pior ainda, porque o lugar mais quente do inferno é reservado pra mim, que não gosto desse tipo de manipulação. Esse terrorismo teve efeitos reais na vida das pessoas, das famílias. Eu converso com muitos pastores. Sei de famílias que pararam de se falar! Assim, pai com filho, mãe com filho. E não pararam de se falar por causa de alguma questão legítima do Evangelho. Pararam de se falar por causa de um candidato, né? De candidatos políticos.

O fato de que Jefferson seja o primeiro negro evangélico, entrevistado para este estudo, que não votou em Bolsonaro e preferiu anular o voto nas duas eleições é muito sintomático. Perceba a contradição de Jefferson: ele deve tudo à igreja e à ajuda que recebeu. O sentimento de gratidão é explícito e compreensível. Como ele mesmo diz, ele deve a "vida" à igreja. No entanto, isso não o impede de exercitar seu espírito crítico desenvolvido no estudo da filosofia e da teologia. Ele percebe a manipulação política envolvida.

Mas eu acho que a igreja evangélica deu munição. Foi ela, na verdade, que forçou a formação de uma reação contra a esquerda da qual ela tem medo. Ela pega alguns elementos que parecem ou são cristãos, distorce, mistura numa salada inteira pra colocar todo mundo que está fora desses elementos fora da possibilidade de bondade.

A crítica de Jefferson é a de quem conhece profundamente, por estudo e vivência, o assunto que estamos tratando. Ele percebe que o mundo evangélico, por sua tentativa de se tornar uma força social política, religiosa e econômica, secundariza a doutrina do amor cristão e apela para o poder de exclusão implícita de forma ambivalente em toda forma de religiosidade. E ele percebe que a igreja tem lado, sim. É o lado da direita política contra a esquerda. Isso se deve não apenas à chamada "pauta de costumes" liberal da esquerda, mas também ao fato de que a explicação da esquerda para a desigualdade e as agruras do mundo profano possui uma causalidade social e não religiosa.

Para ele, a "polarização" atual já existia desde sempre – de modo velado:

Então, esse tipo de polarização vai se consolidar. Já tava consolidada, na verdade. Só apareceu. No Brasil, todas as pautas sociais importantes, que devem ser assumidas, vão ser deixadas na mão dos progressistas, e as partes teológicas que são importantes vão ficar com a galera conservadora. E não vai ter diálogo. Só que alguém vai sofrer com isso. E alguém vai pagar o preço. E é quem? O pobre que tá precisando. Porque daí ou ele vai ser acolhido financeiramente sem a doutrina cristã, ou ele vai ser acolhido pela doutrina cristã, mas sem comer, né? Então, isso prejudica quem sempre se prejudicou, que é o mais fraco. Né? Sempre a corda estoura para o mais fraco.

Quanto ao tema dos costumes e do movimento LGBT+, o grande fantasma dos evangélicos, a opinião de Jefferson também é mais razoável do que a dos demais – ainda que ele assuma que as questões de gênero são um "perigo", embora de "segundo grau", para ele.

Eu acho que a pauta LGBT+ é um risco, mas um risco de segundo nível. No primeiro nível, você tem que ver mais de modo nuclear, que é a formação dos valores. Certo? Os pais formam os valores nos filhos.

Então, se há um pai ausente demais, por causa do trabalho que tá sugando ele, uma carga horária muito grande, sei lá, isso tá destruindo a família dele. Certo? Porque ele não vai ter tempo com o filho. Ou o cara que tá absorto em pornografia, também tá destruindo a família dele. Querendo ou não, ele tá criando uma destruição dentro da sua casa. Ou uma família voltada demais para o consumo: se a mente que você cria na sua família é uma mente consumista, e se o identitarismo LGBT+ *virou um produto de consumo também, entendeu para onde você está jogando seu filho? É mais uma opção de consumo. É mais um produto.*

Mesmo Jefferson, um rapaz inteligente e com boa formação, percebe com desconfiança a livre orientação sexual dos outros. Isso mostra como a pauta moralista, baseada no narcisismo da pequena diferença, é decisiva para os pobres. Aqui, qualquer distinção moral, por mínima que seja, representa muito, uma vez que é fonte de reconhecimento social e de senso de dignidade.

Mais reflexivo do que todos os demais, Jefferson é professor de filosofia na rede pública e percebe a manipulação política das igrejas e seu antiesquerdismo. Mas, ao mesmo tempo, deve tudo à Igreja. Tudo mesmo – desde seu resgate, quando muito jovem, até sua formação e seu tratamento psicológico. Ou seja, mesmo para quem percebe a manipulação, a dívida é tamanha – a dívida aqui é por ter se tornado "gente", cidadão com respeito social etc. – que ele não se insurge totalmente contra o espírito dessa igreja (anulando o seu voto, em vez de optar pela "oposição").

Alan

A trajetória de vida de Alan não é muito diferente dos membros das classes populares, negra e pobre no Brasil. Perdeu a mãe para o câncer quando tinha apenas sete anos e conviveu com um pai autoritário e alcoólatra que era funcionário de uma firma de segurança. Como o pai fazia muitos plantões e ficava pouco em casa, Alan passava muito tempo nas casas de suas tias. Conseguiu terminar, com muito esforço, o segundo grau, mas segundo ele próprio não aprendeu muita coisa e entende que isso não faz diferença na vida atual como pedreiro.

A trajetória dos pobres brasileiros sem estímulo para os estudos e escola precária condiciona a vida precária e humilhada que irão levar quando adultos. Sem absorver pensamento abstrato nem desenvolver as habilidades mínimas para um serviço qualificado e mais valorizado, quase metade da população brasileira, assim como Alan, é condenada a fazer de tudo porque não aprenderam a fazer nada direito.

É aí que entra o "biscate" – o trabalhador de ocasião. Alan foi ajudante de borracheiro no primeiro emprego, aos 15 anos. Depois, como não conseguiu ficar no Exército por excesso de contingente – era seu sonho –, foi também balconista, garçom, atendente de lanchonete, faxineiro de condomínio, ajudante em uma pequena fábrica de cisternas, e, finalmente, ajudante de pedreiro. E pedreiro é, agora. Ou melhor, era, já que está desempregado.

Alan decidiu entrar na Igreja Universal em 2020, logo quando começou a pandemia. O que ele gosta na igreja é que ela dá o estudo da palavra (de Deus) por meio da leitura da Bíblia. Ele me disse que nem todos os pastores falam de política, embora alguns falem – cita o pastor que, segundo ele, é "digital influencer". Nesse caso, a pregação política, especialmente a luta do bem contra o mal, domina tudo. O restante evita o proselitismo aberto e apenas pede um voto de confiança para o "partido do Evangelho", ou seja, o pastor pede aos fiéis para votarem nos membros da igreja e naqueles que defendem a igreja e a família. Quando pergunto a Alan quantos seguem as indicações do pastor, ele me responde: "Ah, pelo menos uns 60% seguem e concordam com essas coisas que o pastor fala."

A "ideologia de gênero" também é um medo real para ele. Alan me conta que uma das piores brigas com a mulher, Rose, uma verdadeira feminista da periferia, foi por conta do que aconteceu com o filho na escola, quando ele tinha uns seis ou sete anos. O menino chegou em casa, certo dia, contando que a professora tinha falado sobre a existência de casais homossexuais. Agenor, o nome do garoto, perguntou à mãe se o casamento não era só entre homem e mulher – se poderia ser entre homens também. A mãe estava tentando explicar para o filho quando o pai interrompeu, colérico, a discussão, dizendo que Deus fez Adão e Eva para dar o exemplo do que é certo. E ele é decididamente contra o casamento gay, acha que esse tema não é coisa que se fale às crianças. A briga que se instaurou entre o casal quase levou à separação: "A Rose me perguntou o que eu faria se meu filho fosse gay, se eu não iria amá-lo mais. Eu respondi que ele não vai ser gay porque recebe boa educação em casa", disse.

Não é um medo real para ele. E diz que, de qualquer modo, se o filho fosse gay, não teria problema nenhum para ele, porque é o filho que ele ama e nunca deixaria de amar. Para não contrariar a mulher, Alan desistiu de ir à escola reclamar pelo acontecido. Para ele, a escola deve ensinar o "certo" e não pôr ideias na cabeça dos alunos – muito menos "chamar a atenção" das crianças para fatos que elas não compreendem. "Deus falou de Adão e Eva e não de Adão e José", disse Alan. Eu perguntei se ele acha certo a mistura de religião e política, ao que ele me respondeu que: "Eu nunca concordei com isso. Religião é uma coisa e política é outra bem diferente. Não tem como misturar. Não gosto quando pastor fala de política e quer influenciar o voto."

Alan parece não se dar conta da visível contradição em se ser contra a mistura de religião e política e defender uma concepção unilateral e religiosamente motivada de vida familiar. Para ele, "interferência política" é quando se fala de política partidária. A política como "visão de mundo", por outro lado, a política da vida cotidiana, que é a que importa, deve defender o lado certo da vida, ou seja, o que a religião ou o pastor diz ser o certo. Nesse caso, deve haver mistura de religião e política. Alan é preocupado, antes de tudo, que a "ideologia de gênero" corrompa a formação dos filhos. O simples fato de outras pessoas serem gays incomoda Alan. Ele diz que "aceita" o fato da homossexualidade alheia, mas exige ser respeitado – por exemplo, não admite ser cantado por um gay. Seria briga na certa. Segundo Rose, essa teria sido a briga mais séria do casal.

A predileção por Bolsonaro está ligada à igreja. Basicamente, o decisivo é que Bolsonaro é defensor da família composta por marido e mulher – a verdadeira obsessão de Alan. Aliás, como de quase todos os entrevistados. Para ele, família é a família do cristianismo, e as ameaças a ela vêm do campo LGBT+ e de coisas como o "kit gay", que ele acreditou piamente que existia. Além da pauta familiar conservadora, o outro ponto que Alan gostou em Bolsonaro foi o tema da segurança pública. Ele me diz que quando ouvia Bolsonaro ele achava que a segurança pública ia mudar no país inteiro. "Mas não mudou, né?", perguntei. Ao que ele me disse: "É, não mudou."

Quanto aos outros aspectos do governo Bolsonaro, ele me diz, cuidadoso: "Não sei se o que vou dizer agora é o correto, mas acho que o preço da gasolina, e das coisas, baixaram." E sobre a pandemia, o que ele lembra foi a ajuda de seiscentos reais: "Foi pouco para manter a família, mas ajudou muito a não passar necessidade." Mas a mortandade na pandemia o assustou. E também o fato de Bolsonaro ficar "zoando" com quem não podia mais respirar. Por conta disso, ele não pensava em votar de novo em Bolsonaro, em 2022.

Sua mudança de perspectiva tem uma nítida influência da sua mulher, Rose. Ela, no seu trabalho de faxineira, consegue trazer entre 3 mil e 3.500 reais para casa todo mês. Leva ainda três horas de ida e três horas de volta para o transporte de Curicica, na Zona Oeste da metrópole, até a Zona Sul carioca. Aproveita o tempo no trem e no ônibus para ler o material do curso noturno e online de pedagogia. Alan ganhava cerca de 1.500 reais, às vezes, 2 mil reais ao mês, mas agora se encontra desempregado e Rose sustenta a casa – como muitas mulheres neste país.

Ele me conta que a política era tema frequente com a esposa. Rose, que acompanhou de perto toda a entrevista realizada na casa de Alan, em Curicica, deixou de gostar de Lula, em quem já havia votado duas vezes, desde a Lava Jato – como ela me disse: "Que teve alguma coisa ali, teve". E essa desconfiança nunca mais se apagou. Mas é contra Bolsonaro também, e, por isso, votou em Simone Tebet. Aliás, Rose, como me contou no dia da entrevista do marido, sempre votou em mulheres – como Marina Silva, Dilma Rousseff e, agora, em Tebet. Quando Tebet saiu da disputa, Rose anulou o próprio voto. O único homem em quem ela votou para presidente foi Ciro Gomes, em 2018: "Pensei que ele fosse ganhar", disse ela.

Rose é inteligente e articulada, e sabe fundamentar suas posições com argumentos bem construídos. A sua influência sobre o marido é visível, assim como é visível que Alan admira e respeita a esposa – que possui mais estudo e escolaridade. Alan me conta que a mulher nunca entendeu como um negro e pobre como ele vota em Bolsonaro, que nada faz pelos pobres e ainda foi irresponsável e maldoso na pandemia. A resposta de Alan é a de que não queria votar no Lula de jeito nenhum, pelas mesmas razões de Rose, e acha interessante a pauta de costumes de Bolsonaro.

Mas, assim como a mulher – e provavelmente sob sua influência –, Alan votou em Simone Tebet no primeiro turno de 2022. Ele me conta que o motivo do voto foi pela ênfase na importância da educação para Tebet. Ele esperava melhoria nas escolas e cursos profissionalizantes. Segundo ele: "O nosso ensino ainda é muito precário e não é de Primeiro Mundo". No segundo turno, no entanto, "por falta de opção", de acordo com ele, decidiu votar em Bolsonaro, mais uma vez. "E o Lula, por que você não gosta dele?", perguntei.

Olha, o que vou dizer eu não sei se é verdade, então só posso dizer o que ouvi na tv, mas dizem que ele roubou no governo dele, então não voto nele. E Bolsonaro tem um jeito que eu gosto, aquela coisa da "zoação", da brincadeira, de falar um palavrão aqui e acolá, acho legal, parece com a gente e isso me aproxima dele.

A última pergunta foi sobre a tentativa de golpe de Oito de Janeiro de 2023. Alan discordou frontalmente da tentativa por ser contra todo tipo de violência. Discordou do motivo também, já que acredita que as urnas são seguras. E, para ele, quem deve tem que pagar.

IV. ANÁLISE DAS ENTREVISTAS DOS NEGROS EVANGÉLICOS

É importante aqui um esclarecimento: o sofrimento do negro evangélico, ainda que pobre remediado, é muito distinto do sofrimento do branco pobre analisado mais acima. O negro é oprimido e negado de sua humanidade o tempo todo – algo que o branco, mesmo pobre, não sofre. O branco pobre se enxerga "menos" que o branco mais rico com capital cultural, mas a sua humanidade e pertencimento social não são postos em dúvida. O contrário acontece com o negro, que é obrigado a enfrentar cotidianamente a ameaça de animalização – considerado por todos, ou pela maioria, como "subgente" que pode ser morta e humilhada sem qualquer reação social. Na conclusão, aprofundaremos esse ponto fundamental.

Comecemos por Ederson, negro carioca que mora em São Paulo. É impressionante, desde o início, a aceitação de todo tipo de preconceito dominante – criados, com precisão de alfaiate, para humilhar a vítima. Assim, o carioca Ederson repete os chavões das personalidades típicas de dada região, e lembra que o carioca é a malandragem e o paulista o trabalho, evidenciado a força da ideia do "excepcionalismo paulista" que se capilarizou por todas as classes – como mostramos acima – da sociedade paulista e nacional. Ederson repete a experiência de todos os entrevistados da periferia: escola pública precária, trabalho na adolescência e, portanto, uma dupla jornada de trabalho ainda muito jovens.

Como também em todos os depoimentos, o apoio a Bolsonaro se dá mesmo com o reconhecimento de seus erros, aceitando que muitas de suas ações, sobretudo na pandemia, são questionáveis. Mas o aspecto principal, que ofusca todos os erros, é que Bolsonaro – ao contrário do atual governo lulista – pensava na família, tinha uma esposa cristã e uma ideologia voltada ao cristianismo. Por conta disso, ele seria "a melhor opção".

Também de modo muito típico, Ederson condena, em abstrato, a mistura de religião e política, especialmente o uso da igreja para se beneficiar politicamente. Essa é uma contradição evidente, dado que Bolsonaro fez isso. Ederson considera que o país está pior com Lula e que ele teria se beneficiado das bobagens que Bolsonaro fez na pandemia para manipular os pobres com promessas irrealizáveis, como a promessa de picanha para todos. Ele também não tem completa certeza, inclusive, de que Lula venceu o pleito, afinal, a diferença foi mínima. Critica também, usando mais um chavão, a relação com Maduro e o apoio financeiro à Venezuela. Apesar das bobagens cometidas na pandemia, segundo ele, a economia estava melhorando com Guedes.

O caso de Marluce também chama atenção pela mesmice da trajetória de classe e pela repetição de fake news e chavões da extrema direita alicerçada no mundo evangélico. Ela, como todos, começou a trabalhar muito cedo – no caso aos 15 anos –, e também como de costume, sem qualquer registro trabalhista. A igreja é percebida como ajudando em todas as dimensões da vida, inclusive, no trabalho, pelo cultivo das virtudes da "liderança", segundo nos conta Marluce. "Liderança" parece significar o hábito de organizar as coisas com disciplina e atenção.

Ao ser perguntada, Marluce reclama da xenofobia que percebe em São Paulo contra os nordestinos, de quem ela descende. Na realidade, a xenofobia é uma das máscaras mais comuns do racismo "racial" e de classe – afinal, como já vimos sobejamente, ninguém tem desprezo por alguém pela simples latitude em que a pessoa nasce. Reclama também do preconceito generalizado que percebe contra os "crentes", como se fossem pessoas enlouquecidas. Mas a xenofobia, em especial, incomoda-a muito pela flagrante injustiça com pessoas que até ajudaram a erguer São Paulo e sua imponência. Ela percebe que a xenofobia aqui se liga ao trabalho braçal – notando, com isso, o preconceito de classe (mas não o de raça) embutido nas mais variadas formas de xenofobia.

Marluce compartilha do mesmo moralismo tradicional e rígido que caracteriza os evangélicos em sua maioria. Como regra, são os mais pobres as vítimas do preconceito, os que possuem menos condições – cognitivas e emocionais – de se defenderem dos preconceitos que a elite cria contra eles. Marluce cita a Bíblia como se ela fosse a base fundamental para avaliar os comportamentos adequados ou não até hoje, uma vez que ela já tem 3 mil anos. Trata-se de uma tradição sagrada, com a qual a dúvida, a ciência, e o conhecimento crítico nada podem fazer. Também como todos os outros entrevistados, Marluce se diz contrária, em abstrato, à mistura entre religião e política. No entanto, ela só vota em quem pensa como ela a partir de uma visão de mundo religiosamente motivada. É como se não houvesse separação entre religião e política – pior, a política é vista como subordinada à religião.

Marluce votou em Bolsonaro apesar da gestão catastrófica da pandemia, que ela reconhece como erro, mas, como ele vinha com a defesa da família, "preocupação com os lares" e com o que estava sendo ensinado às crianças na escola, ele mereceu, mais uma vez, o seu voto. Desde que Lula foi preso, Marluce – mostrando o peso irreparável da Lava Jato – nunca mais votou nele. Depois veio a Dilma, que seria, de acordo com ela, controlada pelo Lula, ou seja, ficava claro que havia um "comunismo" ali. A crítica ao PT e ao lulismo gira em torno de bolsas ou de picanha. Ao que ela retruca: "Eu não quero, posso trabalhar para comprar picanha." E acrescenta que quer "escola de qualidade". Resumindo tudo: segundo ela, como todos têm ficha suja, mesmo sem gostar, votou em Bolsonaro.

Na sua crítica ao Bolsa Família, finalmente, Marluce repete todos os clichês da ideologia do empreendedorismo. Acha que tem que existir estímulo a "fazer acontecer", ou a "correr atrás", insinuando que é tudo uma questão de vontade. Com relação às bolsas de estudo, ela é mais consciente. Ela defende bolsas para alunos da escola pública – quem realmente precisa, em sua opinião. Marluce hoje se dedica ao telemarketing e acha que quem votou em Lula o fez pelo Bolsa Família, apesar de, segundo ela, o PT jamais ter ajudado o Nordeste.

Já Edvani é uma mulher parda que, no entanto, como muitos brasileiros, vê-se como branca. Sua trajetória familiar repete, com poucas variações, o que vimos até aqui. Estudou na infância em uma escola particular do bairro periférico onde morava e onde o pai exercia a função de pastor. Fez também até aula de música, o que a põe em um patamar social ligeiramente superior aos casos anteriores, pela incorporação de capital cultural legítimo, normalmente restrito às classes do privilégio. As aulas de música foram particulares, já que na igreja só tinha religião para crianças. Como todos de sua classe social, começou a trabalhar na adolescência já a partir do ensino médio, e, também, como sempre, sem registro do trabalho. Chegou a entrar em uma faculdade particular, mas foi obrigada a desistir depois que engravidou – todavia, promete que vai voltar à universidade.

A socialização religiosa, desde criança, de Edvani, implicou ser na igreja o local em que ela encontrava possibilidades de atividade lúdica junto com crianças da mesma idade. Esse é um aspecto fundamental. Como o público evangélico mora majoritariamente na periferia das grandes cidades – lugares com pouca ou nenhuma opção de lazer para os mais jovens –, a igreja se converte no único espaço de desenvolvimento de laços de amizade e lazer com as amigas. É nessa época, também, que é inculcada a referência da Bíblia – como interpretada pelos pastores – enquanto uma referência cognitiva e moral para compreender e avaliar o mundo. Nesse ambiente, a igreja tende a representar a necessidade de proteção – por uma espiritualidade maior – para pessoas que se percebem como não controlando a própria vida, evocando tanto a rede de apoio da comunidade quanto uma espécie de "cobertura espiritual".

Como todos que já são socializados no ambiente religioso evangélico – o qual ou nega a lógica imanente do mundo profano, ou a mitiga – a relação entre religião e política é bastante problemática e mal compreendida. Embora Edvani diga que é contra a mistura entre as duas esferas, como ocorreu em todas as entrevistas, a sua própria atitude em relação ao mundo já foi moldada religiosamente de modo imperceptível – muitas vezes, o que apenas aumenta e potencializa sua força e sua ação. Assim, ela se preocupa, politicamente, com a "ameaça" LGBT+ – com o perigo que isso representaria para os filhos. Afinal, como ela mesma diz, os filhos se espelham nos pais. Nesse contexto, o proselitismo político da igreja pode assumir feições menos evidentes à primeira vista. Assim, na época da última eleição o pastor não pediu votos diretamente aos fiéis em um candidato específico. No entanto, sua oração foi feita em louvor à "nação", favorecendo, obviamente, o candidato com discurso supostamente nacionalista.

A outra questão que mais preocupa as pessoas dessa classe social intermediária – entre a classe média "real" e a ralé de abandonados – é a insegurança pública. Edvani diz: "Aqui ninguém está seguro nem em sua própria casa", referindo-se ao abandono, intencional muitas vezes, da polícia que se vê obrigada apenas a defender e guardar os bairros de classe média, mas não os dos mais pobres.

Quanto à posição de Edvani sobre os programas sociais como o Bolsa Família, ela confirma a posição majoritária no campo evangélico de que para ela, apesar de ser uma boa ideia para quem realmente precisa, ela própria conhece pessoas que recebem sem precisar e "vivem disso". Em resumo, apesar das boas intenções, a ajuda deixaria as pessoas preguiçosas. Sobre as cotas, a parda Edvani – percebendo-se, no entanto, como "branca" – sente-se injustiçada, visto que a nota na escola deveria ser independente da cor para ela. Edvani diz ainda que nem estuda nem se interessa por política, informando-se apenas "por cima", ou seja, por ouvir dizer – o que, no seu meio social, significa a opinião guiada por fake news.

A trajetória familiar de Vanderson é mais do mesmo que estamos vendo neste capítulo. Mora em um bairro periférico da capital, filho de migrantes nordestinos – ele se diz mais baiano do que paulista, apesar de ter nascido já em São Paulo – e estudou em escola pública a vida toda. Vanderson mora no Jardim Ângela desde sempre, e construiu sua casa em cima da casa da mãe, no que antes era a laje onde, na infância, empinava papagaios. Vanderson chegou a cursar a universidade – como sempre, particular –, mas, como também de costume, quando os filhos chegaram ficou sem ter como pagar. Mas, como também é usual, promete voltar um dia.

Vanderson, quando perguntado, diz que gosta da expansão das igrejas evangélicas nos últimos tempos no Brasil. Para ele, quanto mais igreja, menos bares, menos gangues, menos violência e, acima de tudo, menos boca de fumo. Refletindo uma posição mais proselitista, Vanderson acha que a igreja tem o dever de participar da política – ponderando, no entanto, que ela não pode se transformar num partido político.

Seu voto foi para Bolsonaro, mas não sem certa relutância, já que ele seria o menos ruim. Ocorre, como estamos vendo até aqui, uma relativização da figura de Bolsonaro entre os evangélicos. Vanderson diz, por exemplo, que é verdade que Bolsonaro fala muita besteira, mas que todos os políticos brasileiros também falam. Se na pandemia, como é opinião unânime entre todos, Bolsonaro atrapalhou ao invés de ajudar, ele seria também, em outros âmbitos, "o mais honesto". Apesar de ter sido contra o golpe bolsonarista, relativiza mais uma vez dizendo que todos os partidos tentam se perpetuar no poder.

Para Vanderson, portanto, Bolsonaro pode ser o que quiser que sempre haverá a possibilidade de relativizar a sua imagem. No fundo, qualquer partido que disputar voto com essa "encrenca aí" – referindo-se ao PSOL e ao PT – ele vota do "lado branco" (sic) e nunca no lado preto ou vermelho. Afinal, eles representam a busca do "privilégio", referindo-se às demandas por proteção dos LGBT+, os quereriam "leis só para eles" – da que ele discorda frontalmente, afinal, as leis são para todos.

Vanderson continua no mesmo diapasão: motoboys, taxistas e até as mulheres – sobre as quais recai, reconhece ele, o cuidado da família –, que agora querem ganhar o mesmo que os homens. Daí, arremata Vanderson: "Haja lei, né?". Interessante notar que toda a defesa do não reconhecimento das minorias oprimidas é baseada em uma suposta "igualdade" – a exemplo das leis, que "devem ser para todos".

De resto, Vanderson reflete as opiniões dominantes em seu meio social: o Bolsa Família geraria dependência nos beneficiários. Vanderson defende, em causa própria, que o que deveria haver era bolsas para estudo e qualificação, embora não haja qualquer oposição entre as duas coisas. Para ele, o problema é que o Brasil é o país dos empreendedores, mas, infelizmente, não há incentivo.

Acerca dos preconceitos que sofre, Vanderson diz que, no Jardim Ângela, onde mora, uma comunidade de maioria nordestina em São Paulo, ele não sofre xenofobia. Mas acrescenta que no Paraná e em Santa Catarina percebeu isso. Em São Paulo, incialmente, não se lembrou de casos assim, mas se recorda finalmente de um caso dentro da empresa – mas pondera, afinal, era ao telefone com outras pessoas.

Jefferson possui uma trajetória muito interessante e algo distinta das demais que examinamos acima. Primeiro ele fez escola particular na primeira infância, mas os pais "deram uma quebrada" e ele mudou para a escola pública até o final do segundo grau. O pai tinha uma sorveteria até falir e passar a se virar com bicos. Jefferson também trabalhou na adolescência, mas depois avaliou com o pai que trabalho braçal não era para ele.

Apesar dos pais já serem evangélicos, a conversão de Jefferson demorou. Segundo ele, o pessoal da igreja já tinha desanimado e perdido as esperanças nele. Jefferson gostava de "bagunça" e de "chapação", e era cheio de "pensamentos blasfemos", até que, aos 17 anos, converteu-se. Na ocasião, estava com depressão e sofria de transtorno obsessivo compulsivo. Foi a igreja que lhe proporcionou atendimento profissional e pagou sua psicóloga, como consta em seu relato. O pastor gostava do fato dele ter se tornado um estudioso da Bíblia, e tudo fez para ajudá-lo. Jefferson é imensamente grato à igreja. Foi ela que possibilitou uma transformação em sua vida. De uma espécie de delinquente juvenil que ele era, transformou-se em um estudioso de filosofia e de teologia. Além disso, a igreja pagou tudo para ele: a escola, a moradia, a faculdade e até o tratamento.

Jefferson conseguiu terminar os estudos de teologia e filosofia e, atualmente, exerce a função de professor de filosofia no ensino público de São Paulo. Conseguir terminar a faculdade é um diferencial importante. E Jefferson é um professor diferente, visto que aposta nos alunos – inclusive, nos mais problemáticos, como ele mesmo foi um dia. Respeita os alunos e procura não ser autoritário, buscando respeitá-los e pedindo desculpas quando exagera ou erra.

Ele é diferente de todos os casos examinados até aqui. Por óbvio, seu nível de instrução e sua vivência universitária contribuíram para isso. Ele é contra a politização da religião – coisa que ele observa por todos os lados. Para ele, a igreja evangélica forçou uma oposição com a esquerda do espectro político e atua como uma força inimiga. Nas duas últimas eleições, de modo interessante, ele anulou o voto: uma forma de não votar em Bolsonaro, mas, também, de não contrariar a igreja que tanto o ajudou.

Para Jefferson, a polarização é deletéria. A esquerda fica com as pautas sociais, e a direita com o discurso moralista – e não há conversa possível entre eles. Para ele, essa polarização já existia na sociedade, e o momento atual apenas a fez aflorar – uma ideia interessante que mostra a inteligência especial de Jefferson. Também com relação ao espectro LGBT+, uma obsessão dos evangélicos, a opinião de Jefferson é mais matizada. Ele considera essa "ameaça" uma ameaça de segundo nível. Se as pautas LGBT+ se transformam numa espécie de escolha de consumo – o que seria uma ameaça real –, ele aconselha que a presença dos pais na família poderia agir como antídoto, visto que pais presentes e atuantes vão ser sempre o espelho dos filhos.

Já Alan é carioca e mora em Curicica, bairro da Zona Oeste do Rio de Janeiro. Alan tem uma trajetória muito semelhante à maioria dos pobres brasileiros. É um negro casado com uma mulher parda, mais clara que ele e com mais capital cultural. Alan não recebeu os estímulos para o estudo como acontece em uma casa da classe média. O pai era autoritário e tinha que se ausentar por conta do trabalho de segurança que exercia. Terminou, basicamente, como analfabeto funcional – com apenas os conhecimentos muito básicos para escrever e ler.

Alan é um caso típico entre os negros pobres e religiosos. A bandeira moralista tradicional e regressiva é o grande aspecto que o fez se aproximar de Bolsonaro. Fica evidente o papel do moralismo como forma de se sentir superior "moralmente" aos outros que não seguem a Bíblia como interpretada pelo seu pastor. De certo modo, isso o "embranquece", já que sua tentativa de obtenção de uma autoestima mínima implica que ele adira aos valores tradicionais dominantes construídos para oprimi-lo. O "outro" vai ser, antes de tudo, outro negro que ele classifica como bandido, gay, devasso e sem amor à família. Pela oposição ao "negro delinquente" – pode ser "bandido" ou gay – ele passa a se considerar digno do respeito alheio.

Essa é boia de salvação de uma moralidade estrita e autoritária, que o faz se sentir menos indigno e menos passível da humilhação cotidiana reservada aos que são como Alan no nosso país. São os valores dominantes que permitem jogar um pobre contra o outro. Ao participar da moralidade rígida, Alan espera se diferenciar do negro bandido ou gay, ou simplesmente, da mulher vista como inferior. Qualquer distinção social positiva passa a ser obtida sempre à custa de alguém ainda mais frágil, humilhado e perseguido como ele. Essa é a lógica perversa do "racismo cordial" brasileiro.

Alan possui parcos recursos para refletir sobre o mundo de maneira consequente e racional. A sua recusa de admitir a mistura entre religião e política é contraditória com a politização dos "valores familiares" que fundamenta seus votos. Como vimos, quase todos os entrevistados também têm o mesmo problema e a mesma visão. Não se sabe sequer o que é a laicidade e seus efeitos e consequências.

As entrevistas do público evangélico, independente da denominação que professem, seguem um mesmo padrão. A "questão moral" predomina, ou seja, o tipo de moralidade regressiva que impõe padrões rígidos de uma moralidade tradicional para os indivíduos. Sobretudo na moral sexual, abertamente homofóbica e machista, que implica estigmatizacão dos que pensam diferente e subordinação da mulher.

Esse aspecto só pode ser adequadamente explicado pela necessidade de compensação moral do valor relativo de pessoas objetivamente abandonadas pela sociedade – abandono esse, antes de tudo, causado por parte daqueles que a comandam economicamente. Qualquer pessoa abandonada vai se segurar em qualquer ilusão que seja construída para captar sua ânsia de escapar, ainda que de maneira momentânea, de uma situação vivida como humilhação e privação.

Conclusão

O vingador dos bastardos

A união das perspectivas falso moralistas da classe média e da classe trabalhadora precária, cada uma à sua maneira, explica a vitória de Bolsonaro, em 2018, e sua votação expressiva, em 2022. O que estou chamando de falso moralismo aqui é o recobrimento do racismo "racial" arcaico brasileiro com uma pátina, uma fina superfície composta pelo racismo agora trajado de racismo "cultural". A ideia original dessa estratégia – de resto, aplicada na própria dominação mundial do Norte global contra o Sul global – é a troca do racismo "racial" pelo racismo "cultural".[1]

Se antes a culpa era do "estoque racial" do indivíduo, agora a culpa passa a ser do "estoque cultural", ou seja, supostamente pela influência inconsciente da cultura na qual se nasce e que forma o indivíduo. O que importa aqui, no entanto, é que as mesmas pessoas a serem estigmatizadas pelo racismo "cultural" serão as que o eram antes, no caso do racismo explícito. A metamorfose visa unicamente "moralizar" o racismo – que é a função latente e mais importante do racismo "cultural" – adicionando uma função manifesta, pretensamente científica, que, ao mesmo tempo, esconde e legitima o racismo.

Tudo se passa como se fosse uma concepção que deixou de ser "racista" apenas porque não se usa mais a palavra "raça" – substituída, com conveniência, pelo termo "cultura", no caso a "cultura da corrup-

---

1 Jessé Souza, *Como o racismo criou o Brasil*, 2021.

ção", aparentemente mais científico, mas que, na maioria dos casos, é um simples compósito impressionista concebido a partir de noções próximas ao senso comum leigo. Nesse sentido, o prestígio científico é parasitado por uma concepção que visa legitimar, antes de tudo, pela "moralidade" – que é a dimensão mais importante de nossa personalidade e nos diz que tipo de gente cada um é – a dominação fática de indivíduos, classes sociais, "raças" ou sociedades inteiras sobre outras.

A oposição corpo/espírito, que rege o Ocidente desde os seus inícios, é construída como uma oposição entre as dimensões da mente humana. Ou seja, cognição e inteligência; moralidade refletida e capacidade de elaboração estética, como construída por Kant; e o corpo, em nítida contraposição à mente, percebido como o reino da animalidade incontrolável das pulsões do sexo e da agressividade (do "afeto", em última instância). Nos últimos duzentos anos, todas as formas de dominação existentes se fundamentaram na oposição corpo/espírito. Todas, sem nenhuma exceção. Quem domina tem que ser associado ao espírito, quem é dominado vai ser associado ao corpo. Seja para opor sociedades, classes sociais, raças ou gêneros – é sempre a mesma hierarquia moral. Saber disso é decisivo para a análise do mundo social.

A moralidade, mais do que a estética e a cognição – as outras dimensões do espírito humano – presta-se ao objetivo de justificar a superioridade de uns sobre outros. Por conta disso, todas as teorias pseudocientíficas que surgiram no século XX vão se utilizar da oposição entre o espírito, ou seja, aquilo que nos liga ao divino, contra o corpo, ou seja, aquilo que nos une a toda forma de animalidade. Exemplo máximo disso é a "teoria da modernização" americana dos anos 1950 e 1960 – hoje naturalizada como pano de fundo de todas as teorias europeias e americanas, mesmo as que se propõem a ser críticas –, que logrou influenciar até hoje a forma como vemos a comparação entre as diferentes "culturas".

Não à toa, o tema da moralidade e da corrupção assumem o papel mais importante nesse contexto. A principal distinção concebida para apartar os países do Norte global dos do Sul global é, veja que coincidência, referida à corrupção.[2] A corrupção vai ser explicada pelo maior peso relativo do afeto, exatamente como no "homem cordial" de Sérgio Buarque de Holanda, impedindo uma suposta consideração racional e "impessoal" por parte de certos povos, inclusive o nosso. Acredita-se piamente que as sociedades do Sul global, latino-americanas, africanas ou asiáticas são endemicamente corruptas, ao passo que no Norte global a corrupção é percebida como mero "deslize individual".

Isso faz com que se justifique o saque – e os golpes de Estado – aos países do Sul global, como o Brasil, a partir da pecha de corrupto, ou seja, de alguém inconfiável e desprezível que merece e deve ser controlado, dominado e explorado. É a disseminação dessa ideia no mundo todo, não apenas nas universidades, mas também na imprensa, nas redes sociais, e na indústria cultural que faz com que, por exemplo, a morte de palestinos ou de imigrantes africanos não provoque comoção generalizada nos países do Norte global. Quando não vemos o outro ser humano como igual, então não podemos desenvolver empatia em relação a ele. Criamos então um "estranho", alguém "exótico", destinado a provocar, no máximo, pena – e, quase sempre, desprezo.

No entanto, tudo isso foi, primeiro, construído como se ciência fosse. Assim, as sociedades supostamente mais "impessoais", do espírito, seriam mais democráticas e moralmente superiores às culturas do "personalismo" e do afeto. A maioria dos intelectuais do Sul global, em especial no Brasil, engolem, até hoje, como se verdade fosse, essa bobagem. No entanto, basta pensar um pouco para se perceber como essa distinção é absurda e arbitrária. O capitalismo financeiro americano, que domina as finanças globalmente, baseia-se na existência de paraísos

---

2 *Ibidem*. Ver *também* Talcott Parsons e Edward Shills, *Toward a General Theory of Action*, 2017; Niklas Luhmann, "Inklusion und Exklusion", 2011; e Niklas Luhmann, "Kausalität im Süden", 1995.

fiscais – que só existem porque os Estados Unidos querem[3] – e, portanto, na evasão planetária de impostos dos mais ricos e na indistinção entre dinheiro limpo e sujo que vêm das atividades criminosas. Uma corrupção deslavada e planetária, que é maior quantitativa e qualitativamente que qualquer outra, mas que ninguém vê como corrupção – já que o "corrupto", por definição, são os povos mais escuros do Sul global.

A elite brasileira e seus intelectuais orgânicos, a partir dos anos 1930, tiveram a inteligência maligna de usar as mesmas distinções do racismo "cultural" global no contexto nacional interno. Nesse sentido, a construção do "homem cordial" como protótipo do brasileiro em geral, por Sérgio Buarque, em 1936, transforma o povo brasileiro em povo do afeto e, portanto, da corrupção. Como a elite paulista se imaginava americana, e a nascente classe média branca se via como europeia pela imigração recente, então "homem cordial" e corrupto vai ser apenas o povo mestiço e negro empobrecido.

É como se a distinção global entre os povos dominadores e dominados fosse aplicada dessa forma também na dimensão interna, transferindo para o território nacional o mesmo esquema de classificação global. Tudo funciona como se, internamente, no âmbito da sociedade nacional brasileira, a elite e a classe média branca fossem os Estados Unidos e a Europa, respectivamente, e as classes populares a América Latina, a África e a Ásia – que, de fato, são mais "escuras". A suposta maior honestidade e moralidade atribuída aos dominadores – e a ausência dessas supostas virtudes no dominado – é o que garante a reprodução de todos os privilégios injustos.

O estatuto da falsa moralidade é o principal instrumento de opressão, apesar de ser "apenas simbólico". A violência material exclusiva pode ser importante em dado momento, mas ela jamais garante a reprodução da dominação política estável. Para se dominar no decorrer

---

[3] Em 2011, na reunião do G7, tanto França quanto Alemanha pressionaram no sentido de uma limitação dos paraísos fiscais no mundo. Obama foi o único contrário.

CONCLUSÃO

do tempo, é preciso convencer o oprimido de que ele é inferior, de fato. Quando se chega a esse estado, então o esquema de exploração e humilhação se institucionaliza e se torna estável, candidatando-se a se manter no tempo.

A elite descobre o equivalente funcional perfeito do racismo "racial", sem tocar na palavra raça. Desse modo, consegue frear seu maior inimigo na luta pelo monopólio do Estado, que é o sufrágio universal. Toda vez que o povo mestiço e negro elege alguém vinculado às pautas populares de inclusão social, a elite – que tem toda a imprensa no bolso – toca o bumbo do falso moralismo da corrupção para justificar golpes de Estado. Aconteceu em, literalmente, todos os casos históricos de tentativas de inclusão social – com Vargas, Jango, Lula e Dilma.

A elite faz isso, como já vimos, visto que precisa do Estado e de sua máquina para roubar para si o orçamento público e as riquezas que são de todos. Esse é o verdadeiro "negócio" da elite brasileira. Mas a elite precisa fingir que sua comoção com a "corrupção fabricada" por ela mesma e pelos seus próprios jornais e televisões é real e, para isso, precisa de um arremedo de "apoio popular". A classe social que vai cumprir esse papel – em todos os casos históricos descritos acima, fingindo que é povo – é, na realidade, a classe média branca nas ruas.

A classe média branca entra nesse jogo por duas razões: primeiro, ela "pensa que é elite" e se comporta como o "agregado"[4] que se imaginava da família do "Senhor de terras e gente", criando a fantasia de pertencer aos que dominam. Em segundo lugar, mas não menos importante, ela também procura evitar a concorrência a partir de baixo ao seu monopólio educacional do capital cultural legítimo – além do capital social em relações pessoais, possibilitado pelo acesso prévio a capital econômico ou cultural – que lhe garante bons salários e reconhecimento social. A classe média branca odiou a política de cotas que pôs estudantes negros lado a lado com seus filhos nos bancos da universidade pública

---

4 Jessé Souza, *A classe média no espelho*, 2018.

de melhor qualidade, até então seu principal "bunker" de poder. Foram essas, e outras razões similares[5] que fizeram milhões de branquinhos, bem-vestidos e histéricos irem às ruas das grandes cidades brasileiras, em 2015 e 2016, fingindo que estavam clamando contra a corrupção e a favor da moralidade pública.

Nem a elite nem a classe média branca tem qualquer problema com a corrupção, desde que seja cometida pelos ricos do mercado. Como vimos com Lehmann e seus sócios nas Americanas – apenas um caso entre milhares possíveis – fazer desaparecer quarenta bilhões de reais é um negócio bem-feito como outro qualquer. A foto dele continua nos jornais, e isso não incomoda ninguém. A classe média branca nunca teve qualquer preocupação com a corrupção, mas sim com qualquer forma de inclusão popular que possa prejudicar a sua reprodução como classe do privilégio do monopólio do conhecimento tido como legítimo. A posse do Estado para o seu livre saque pela elite e o monopólio do capital cultural legítimo pela classe média são a base do bloco antipopular construído nos anos 1930, e que perdura até hoje entre nós. Qualquer inclusão deve ser banida, e qualquer uso do Estado que não seja para enriquecer uma meia dúzia deve ser evitado.

O tema da corrupção no Brasil serve apenas para mascarar o racismo "racial" em um contexto em que se perdeu a legitimidade do discurso racista tradicional. A saída encontrada foi substituir a pecha de "negro inferior" pela de "povo corrupto". Isso permite "moralizar" o racismo, tornando possível a livre expressão do afeto racista sob uma máscara mais do que conveniente. O branquinho histérico da classe média, agora, pode se mostrar "indignado" com a corrupção sempre que quiser se opor às políticas de inclusão popular. Ele pode também se ver como "defensor da moralidade pública" e não mais como um canalha racista. E qual canalha racista não gostaria de se ver sob essa ótica? É para isso, exclusivamente, que serve o mote da corrupção.

---

5 Jessé Souza, *A herança do golpe*, 2022a.

No entanto, a elite e a classe média somadas, como já lembramos várias vezes neste livro, não perfazem sequer 20% da população. Não se ganha eleições majoritárias com o mero apoio do bloco antipopular. Bolsonaro, racista e mesquinho como é, ganhou de partida o coração da classe média branca e da elite do saque. A farsa da Lava Jato ajudou com os setores falso moralistas da classe média. O problema real acontece, no entanto, quando amplos setores populares aderem a ideologias elitistas construídas para fazê-los agir contra os seus melhores interesses.

O moralismo da classe média, que já examinamos acima e em detalhe em outros livros,[6] é, no entanto, de natureza distinta do moralismo popular dos pobres remediados. É preciso ter em mente que 80% da população brasileira é, pela comparação internacional, pobre – ou seja, não têm acesso, ou têm acesso muito limitado às benesses do mundo moderno. Desses 80%, cerca de metade é pobre remediado, são as pessoas que ganham entre dois e cinco salários mínimos e possuem acesso a algum capital cultural técnico.[7] Muitos deles são brancos no Sul e em São Paulo, como vimos nas entrevistas acima, e votaram nas duas últimas eleições majoritariamente em Bolsonaro que, objetivamente, nunca fez nada de "racionalmente" positivo para eles.

Ainda que o falso moralismo da corrupção seletiva também exerça sua força nesse segmento social, outra forma de moralismo assume a predominância: a oposição entre o pobre honesto e o pobre delinquente, que irá esgarçar o tema da (in)segurança pública entre nós. É necessário se pôr na pele de um branco remediadamente pobre para compreender seu comportamento – o qual, de outro modo, seria apenas o comportamento incompreensível de um tolo que dá um tiro no pé.

Como pensa um branco pobre de Santa Catarina ou São Paulo? As entrevistas acima nos ajudam a entender seus reais motivos. Em primei-

---

[6] Jessé Souza, *op. cit.*, 2018.
[7] Os 40% de baixo, que ganham entre zero e dois salários mínimos, são, no máximo, analfabetos funcionais e condenados ao trabalho muscular desqualificado. Ver Jessé Souza, *A ralé brasileira*, 2022b.

ro lugar, temos que compreender o racismo – que habita cada um de nós de maneira insidiosa – como uma espécie de "mapa social" para o leigo que não compreende como funciona o mundo social. O racismo simplifica um mundo social confuso e complexo e garante alguma forma de compreensibilidade da vida, ou seja, ajuda a conferir sentido ao mundo, que é uma demanda invariável para todos os humanos em todas as épocas históricas.

Desse modo, a situação do branco remediadamente pobre é de carência objetiva, em específico a falta de capital cultural legítimo, monopolizado pela classe média branca acima dele. Suponhamos um caminhoneiro[8] de Santa Catarina, com nome e "sangue" alemão – o branco mais branco dentre os brancos, como diria Gilberto Freyre – que ganha 4 ou 5 mil reais ao mês e obedece a um outro branco com sobrenome também alemão que é seu chefe, e que ganha dez vezes mais que ele. Como o mapa social desse indivíduo é de fundo racial, sua situação é completamente inexplicável. Por que ele ganha dez vezes menos que o seu "irmão" de sangue germânico – o elemento que ele pensava ser o decisivo? É apenas porque um tem mais estudo do que o outro?

Esse caminhoneiro, como todo pobre, acredita piamente na meritocracia que diz que cada um pode conseguir, com esforço próprio, uma boa vida. Ele trabalha até dezesseis horas por dia e a vida dele é de carência e necessidade. É apenas natural que sinta ressentimento e raiva de sua condição que lhe parece "injusta". Se tivéssemos imprensa plural e pública, talvez ele soubesse que são privilégios herdados desde a tenra convivência familiar que predeterminam quem vai ganhar e quem vai perder na vida. Nesse caso, sua raiva sem direção poderia se metamorfosear em indignação e adquirir um sentido político de crítica e mudança. Mas não é isso o que acontece. Ninguém revela a ele as causas reais que explicam seu sofrimento.

---

8 Um dos grupos sociais que mais apoiaram Bolsonaro.

CONCLUSÃO

Ele é jogado a si mesmo e à suas parcas defesas cognitivas e emocionais, de modo a permitir explicar o aparentemente inexplicável. Como ele acredita na falácia da meritocracia, a culpa do seu relativo fracasso social seria dele próprio. Essa é uma ferida mortal capaz de jogar o indivíduo na depressão e no álcool, por exemplo. E isso, efetivamente, acontece de forma endêmica com muitos. A alternativa é culpar um "outro", se possível mais frágil do que ele, já que a falácia da meritocracia e a imprensa enviesada pelo dinheiro o impede de odiar os reais dominadores e causadores de seu injusto sofrimento. Desse modo, ele é estimulado a odiar os mais frágeis – os LGBT+, as mulheres, os negros transformados em bandidos e os nordestinos supostamente preguiçosos etc. O objeto de ódio é intercambiável, mas o pano de fundo de racismo "racial" e do sexismo estão presentes em todas as variantes.

Compreender o branco pobre remediado é compreender o radical desespero de quem é injustiçado e privado, por exemplo, do acesso às boas escolas da classe média "real" e dos meios para a competição social em todas as dimensões. A ação mais racional aqui seria unir forças com os outros explorados e humilhados contra os que causam a privação e a injustiça. Mas ele não sabe quem causa seu infortúnio. Ninguém jamais explicou isso para ele. Como ele poderia saber? Como a elite econômica controla todos os meios de comunicação de massas, então essa possibilidade é tornada impossível.

O problema é que nós, humanos, precisamos de uma "explicação" para a vida. Como diria Max Weber, a procura por um sentido da vida é tão avassaladora para todos que, na sua ausência, qualquer coisa, mesmo a ideia mais abstrusa, pode fazer sentido e passar a ser aceita como verdade. É essa a situação do branco remediadamente pobre entre nós. Essa explicação abstrusa passa a ser cevada, cotidianamente, pelo mapa social construído a partir de distinções raciais e sexistas.

Afinal, racismo "racial" e sexismo já estão aí desde sempre, e passam de pais para filhos de maneiras imperceptíveis ao senso crítico. Desarmado dos meios cognitivos para a compreensão de seu lugar social, e armado apenas com o afeto racista, o branco pobre, com sobrenome alemão ou italiano, simplesmente não compreende o porquê de ser pobre tendo sangue europeu num país de mestiços. Esse é o contexto que permite compreender seu comportamento aparentemente sem sentido. Assim sendo, basta que alguém consiga construir uma máscara de moralidade para o ódio racista e sexista que já se guarda no peito. Foi o que Bolsonaro fez.

Assim, as máscaras do racismo e do sexismo campeiam. Como os negros não podem mais ser odiados publicamente de forma explícita, então se transforma o negro em bandido. Ou alguém tem dúvida de que a "arminha" do Bolsonaro estava dirigida à cabeça de um jovem negro carente? No caso dos nordestinos, do mesmo modo: o racismo aqui é nítido, já que a maioria dos nordestinos são mestiços de negro e indígena. O preconceito regional enquanto tal, como já vimos, não existe. Aqui, como quase sempre, o preconceito regional é construído se parasitando o racismo "racial" ou de classe social para melhor mascará-lo.

O ódio à maconha, como no caso de R. Kühn, de Santa Catarina, também possui resquício racial. A maconha era a droga por excelência dos negros escravizados e de seus descendentes. Como sempre, crime é tudo aquilo que o negro faz: sua religião, sua música, seu lazer. A guerra às drogas, assim como a guerra contra o crime, também é uma guerra cifrada contra os negros. O racismo "racial" se mostra, por meio de suas máscaras e denegações, como o componente mais importante para angariar imediato apoio emocional de todas as classes sociais superiores e intermediárias. É isso que explica que o bloco antipopular, composto pela elite de proprietários e pela classe média, tenha conseguido arregimentar uma boa parte dos perdedores e injustiçados para o seu lado da política. O racismo "racial" continua sendo, agora por meio de suas máscaras "culturais", o fundamento do cimento social brasileiro.

Muitos pensam: "Puxa, mas o racismo não é tudo, existem outras coisas importantes." É inegável que existem outras coisas que importam,

CONCLUSÃO

mas é preciso sempre separar o principal do secundário. E o principal é o racismo "racial" como mapa mais eficaz e importante de classificação e avaliação da vida social por todo mundo. Se tomarmos suas máscaras e denegações, ele é apenas comparável ao sexismo primordial da nossa formação histórica – que tinha não apenas a escravidão semi-industrial dos homens no campo, mas também os haréns de mulheres, o que objetifica e degrada por extensão todas as mulheres (como na sociedade moura e do Norte da África da poligamia islâmica). Não é à toa que o Brasil é o campeão de feminicídios.

Mas o racismo "racial" é a lei não escrita da sociedade brasileira como um todo, a lei que nem todas as constituições somadas puderam arrefecer. Tanto o princípio legitimador, como também esquema classificatório da sociedade brasileira no seu conjunto, é racialmente construída. Nesse esquema, os negros e mestiços despossuídos da "ralé" de novos escravos, desarmados de qualquer proteção e condições mínimas para competir na vida social, ocupam o degrau mais baixo de todo sistema classificatório que preside nossas avaliações sobre o mundo social. Como essa classe de negros e mestiços foi cevada e construída intencionalmente – vimos acima que qualquer tentativa de os redimir é condenada ao fracasso e conduz invariavelmente a golpes de Estado – ela passa a agir como o pano de fundo negativo que permite que todas as outras classes, acima dela, ganhem autoestima e reconhecimento social à custa de sua humilhação absoluta e permanente.

Nesse contexto, vale a máxima: toda vez que o princípio da igualdade não for generalizado e expandido – o que leva ao reconhecimento social de todos segundo seu desempenho específico, obtido, portanto, "com os outros" – o reconhecimento social terá que ser obtido "contra os outros" (especialmente os mais frágeis e sem defesa). É exatamente a função no Brasil da classe mais baixa, negra e mestiça: transformando-se em uma espécie de casta de intocáveis e indesejáveis muito próxima do caso hindu. Uma gente que não é gente, que tem sua humanidade constantemente negada, e pode, por conta disso, ser assassinada pela polícia sem qualquer comoção – violências sendo, em muitos casos, até celebradas pelas classes acima dela.

Max Weber, em sua análise clássica do hinduísmo,[9] já observa que o sistema de castas conseguiu se preservar sem mudanças significativas durantes milênios, em específico porque permitia um ganho em autoestima e distinção social positiva a todas as castas intermediárias e superiores. Quando não existe o orgulho pelo compartilhamento do respeito social generalizado a (quase) todos, como acontece, pelo menos em boa medida ainda, nos países escandinavos, na Alemanha ou na Suíça, o sentimento de respeito vai ser obtido, invariavelmente, pelo desrespeito e desprezo de outros ainda mais frágeis.

Esse aspecto é tão decisivo que nos permite compreender, inclusive, o segundo caso que examinamos acima nas entrevistas, o do negro evangélico. A questão aqui é: como um negro oprimido pelo racismo pode ajudar a apoiar e reforçar aquilo que o humilha? Aqui o decisivo é que a pregação evangélica de muitas denominações tem como eixo central dotar o oprimido da autoestima e da autoconfiança necessária para a competição social. É impressionante que em todas as entrevistas dos negros evangélicos o papel da "família honrada" seja a pedra de toque principal para ganhar sua fidelidade à igreja. É o típico caso daquele que nasce "desonrado" e precisa se sentir valioso e angariar a honra e respeito que nunca tiveram. A religiosidade evangélica oferece uma boia de salvação a todos esses desamparados e abandonados.

Como na nossa sociedade a honra é branca e a desonra é negra, então o negro que quer ascender socialmente é levado a perceber que o único modo disso acontecer é quando ele aceita se "embranquecer". O "embranquecimento", no Brasil, é antes de tudo uma realidade social e moral, ou seja, é, antes de tudo, participar da ética social e moral dominante criada pelos brancos para oprimir os próprios negros. O desespero social do negro aqui é em tudo semelhante ao dilema do

---

9 Max Weber, *Hinduismus und Buddhismus*, 1991.

CONCLUSÃO

branco pobre, embora sua posição seja ainda muito pior por ocupar a última escala da hierarquia social. Mas o drama é comum tanto ao negro quanto ao branco pobre: como conquistar o respeito social, que todos buscamos como nossa necessidade mais importante e mais premente, na ausência de muitos dos pressupostos para o sucesso social? A saída para o negro vai ser odiar o seu irmão negro, ao vê-lo, como os brancos, como delinquente, como o resultado de um desejo desesperado de se distinguir positivamente em relação a ele.

No entanto, apesar da semelhança do drama e do abandono social em ambos os casos, o sofrimento do branco pobre não se compara ao sofrimento do negro pobre. O branco pobre se sabe e é percebido pela sociedade como "gente" apesar das precondições adversas. O negro, ao contrário: tem, o tempo todo, que defender sua própria "humanidade", ou seja, o direito de ser tratado com algum respeito e dignidade. Precisamente o que lhe é negado por todos. Como os negros ocupam o último degrau da hierarquia social, sua função real é a de ser humilhado e desprezado por todos acima deles socialmente. Existem para serem odiados. O dispositivo do desprezo é acionado pela animalização, ou seja, pela redução de sua personalidade ao corpo e aos afetos. É isso que desumaniza. O branco pobre não passa por esse sofrimento ontológico, virtualmente irremissível.

E isso se mostra nas nossas entrevistas: o branco pobre do Sul e de São Paulo se identifica com Bolsonaro quase perfeitamente. As críticas são, na maioria dos casos, leves e pontuais – quando existem. Para os negros, não. A maioria votou em Bolsonaro com má consciência e com críticas rigorosas, às vezes. Ao fim e ao cabo, venceu a pressão evangélica de se pôr no lado do "bem" e da "virtude", como definida pela leitura aleatória da Bíblia que parasita o seu prestígio. Mas Bolsonaro não é o líder para a maioria dos negros da forma como ele é para a maioria dos brancos pobres. Foi o decidido apoio do mundo evangélico que funcionalizou o voto do negro a favor de Bolsonaro. Mas o decisivo aqui é que o negro não se identifica integralmente com Bolsonaro, enquanto o branco pobre, sim. O que está por trás da relação tão especial de Bolsonaro com os brancos pobres? A "identificação" afetiva e irracional é o mecanismo decisivo, e é ele que explica o irracionalismo das massas.

Sigmund Freud, no seu texto clássico *Massenpsychologie und Ich--Analyse*[10] [Psicologia das massas e a análise do eu], procura desvendar o mistério do amor sem limites ao líder político ou religioso. Como tivemos pessoas rezando para pneus, doando dinheiro suado para Bolsonaro e depredando prédios públicos para causar caos? Como e por que temos, agora na psique individual, a "paixão" cega e desmedida por alguém como Bolsonaro?

Para Freud, para além da dedicação absoluta a outra pessoa que conhecemos na vida sexual, um outro mecanismo poderoso de ligação pulsional e sentimental é a "identificação". A identificação é uma forma primária de ligação pulsional e sentimental, a qual, já no Complexo de Édipo, corre em paralelo à explícita ligação sexual do menino com a mãe – sob a forma de uma ligação sentimental com o pai. O menino deseja a mãe e se identifica com o pai. Com a posterior unificação da vida espiritual, as duas correntes entram em choque e produzem o Complexo de Édipo.

A identificação é, portanto, desde o início, "ambivalente", ou seja, o desejo de ser o pai confunde-se com o desejo de substituir o pai ao lado da mãe. A identificação pode ainda, além de ser uma forma arcaica de ligação pulsional a um objeto, como no Complexo de Édipo, ser, também 1) uma regressão substituindo a relação libidinosa por meio da introjeção do objeto (caso de Dora que imita a tosse do pai, no texto famoso); ou, 2) pela comunhão com outra pessoa que não é objeto da libido (caso da menina que sofre como a amiga por ciúmes, pelo fato de também desejar um namorado). É esse último caso de identificação que parece interessar a Freud para a análise das massas. Quanto maior a comunhão de expectativas, maior o vínculo entre as pessoas. A questão

---

10 Sigmund Freud, *Massenpsychologie und Ich-Analyse*, 1991.

principal aqui é a de que a comunhão das pessoas entre si depende da relação que elas possuem com o líder.

No caso desse livro, em particular, é que o tema da "identificação" ganha todo seu sentido. Para Freud, a "identificação" tem que ser associada à "idealização", à paixão e à hipnose de modo a compreendermos adequadamente o que se passa na relação das massas com o líder. A paixão, quando comandada por objetivos sexuais reprimidos, leva à idealização do objeto amado – que passa a ser visto como exemplo de perfeição: nesse caso, o objeto amado ocupa o lugar do superego.[11]

Já a hipnose é definida por Freud como uma dedicação apaixonada sem a presença da satisfação sexual, mas possibilitando a mesma substituição do superego pelo hipnotizador. Assim, ainda que Freud reconheça a dificuldade de tratar a hipnose de modo racional, por conta de seu componente "místico" e misterioso, é a relação hipnótica que permitiria uma melhor "aproximação" possível para esclarecer a relação das massas com seu líder. Massa seria, nesse sentido, um grupo de indivíduos que põem o mesmo objeto amado – o líder – no lugar dos seus respectivos superegos.[12] O tipo mais vulnerável à massificação é aquele, portanto, no qual a distância entre o ego e o superego é pequena, revelando a manutenção da autossatisfação narcísica infantil. E Freud completa com uma observação muito importante para nossos propósitos aqui:

> "Nesse caso, basta que o líder incorpore algumas das características típicas destes indivíduos de forma aguda para 'hipnotizá-los'."[13]

---

[11] O superego é a dimensão da psique que é responsável pela internalização dos padrões sociais de moralidade, constituindo-se em uma forma de "ego ideal" do qual almejamos nos aproximar.

[12] Desse modo, Freud procura estabelecer uma relação entre as massas e a horda primitiva, da qual já havia tratado no livro *Totem e tabu*, no sentido de perceber a vinculação erótica como o dado principal. Assim, o líder das massas seria como o pai primevo e onipotente para os filhos, algo que se renova em cada nova família desde então, em relação ao qual só se pode agir de modo passivo ou masoquista.

[13] Sigmund Freud, *Totem e tabu*, 2013.

Freud não inquire sobre a origem social e moral dessas características típicas. Apesar de não esclarecer as origens, ele constata e descreve um mecanismo importante para nossos fins. A entronização do superego na psique humana é, talvez, o avanço civilizatório e histórico mais importante – como se depreende da soberba análise do processo civilizatório em Norbert Elias.[14] É sua incorporação na psique individual que possibilita, no limite, a ação racional no mundo possibilitando um freio social fundamental para os desejos irracionais, agressivos e associais. Como no processo de identificação das massas com o líder o superego (e sua função moralizadora) é substituído pelo líder, o que acontece na prática é uma reversão e regressão da dimensão moral e cognitiva individual. A infantilização de pessoas que rezam para pneus e a dissonância cognitiva típica do público bolsonarista pode ser mais bem compreendida.

O tipo de "profeta exemplar", adaptado à realidade política que estamos discutindo aqui, não se dirige, portanto, como o "profeta ético" e sua doutrina – à consciência dos indivíduos –, mas, sim, aos seus desejos mais primitivos e sem controle racional. Esse tipo de relação primitiva e inconsciente nos ajuda a compreender figuras como Bolsonaro e o fascínio que ele exerce sobre muitos – como branco pobre, imigrante de países europeus como a maioria da população do Sul e de São Paulo, pessoas sem estudo e sem capacidade de reflexão elaborada etc. Bolsonaro incorpora e manifesta na sua fala e no seu comportamento prático a raiva do injustiçado que não compreende como se dá a opressão social nem percebe em favor de quem ela é exercida.

Assim, da mesma forma que um nordestino pobre se identifica com Lula e sua vida exemplar de luta contra a fome e a desigualdade, o branco pobre do Sul e de São Paulo se identifica com a raiva e o ressentimento típico de Bolsonaro – que cria, para eles, uma liderança política que realiza, pelo seu exagero e sua agressividade performáti-

---

14 Norbert Elias, *Über den Prozess der Zivilisation*, 1996.

CONCLUSÃO

ca e sem mediação da consciência, suas aspirações e ansiedades mais profundas. Afinal, Bolsonaro é um típico "lixo branco" brasileiro,[15] ou seja, um branco pobre e ressentido pela ausência relativa do capital cultural legítimo que é monopólio da classe média branca "real". Por conta disso, seu projeto de ascensão social, limitada pela ausência de conhecimento legítimo acumulado, é a de conseguir um cargo nas burocracias médias do Estado, como Exército ou Polícia Militar. A trajetória social de Bolsonaro[16] é uma trajetória de vida típica desse estrato social, portanto.

Sociologicamente, a partir do raciocínio que perpassa todo este livro, a razão maior é o ressentimento e a raiva justos, diga-se de passagem, na medida em que o acesso a boas escolas e boas universidades é restrito para a classe média branca e "real", e o branco pobre foi injustamente excluído dessas chances pelo nascimento em uma família pobre. Se ele fosse consciente de sua opressão, então poderia transformar a raiva e o ressentimento em indignação – o que o levaria para a luta política junto aos demais oprimidos. Mas não é isso o que acontece. Ninguém explica, muito menos nossa imprensa venal, quem causa seu sofrimento. Como a relação com a classe média "real" e a elite é ambivalente, misturando inveja e admiração, então ele se torna presa de seu próprio desconhecimento.

É esse ressentimento compartilhado que será a base, por exemplo, dos ataques à ciência, às artes, às universidades e à cultura em geral, que foi um tema constante do período Bolsonaro. Como os brancos pobres que o apoiam desconhecem os reais motivos de sua pobreza relativa, então a tendência vai ser atacar os símbolos visíveis do capital cultural legítimo – como os indicados acima – ao qual não tiveram acesso. Afinal, mesmo sem compreender de modo coerente a situação social, todos

---

15 Termo cunhado nos Estados Unidos para separar o branco pobre do Sul e com menos estudo em relação aos brancos do Norte mais ricos e com mais capital cultural.
16 Mais uma vez, refiro-me aqui à família onde Bolsonaro nasceu e não a família que ele formou enriquecida por negócios escusos.

percebem, intuitivamente pela experiência vivida, que é a ausência desse capital cultural, altamente valorizado na sociedade moderna, que causa sua humilhação objetiva e sua sensação de ser inferior aos outros acima dele. A extrema direita nada de braçada no ressentimento dos que não conhecem as causas de sua condição social. A causa aqui é a ausência de autoestima, autoconfiança e de reconhecimento social, provocadas pela experiência da humilhação moral cotidiana – como o Coringa, que analisamos no início deste livro.

Como o trabalho socialmente útil, sacralizado pela Reforma Protestante, é o elemento central da atribuição de respeito social na sociedade moderna,[17] e a incorporação de conhecimento é o que garante produtividade e reconhecimento social ao trabalho, cria-se um abismo social entre quem tem e quem não tem conhecimento considerado legítimo incorporado. Nenhum indivíduo pode "criar os valores" que regem a sua vida. Todos esses valores são socialmente construídos, embora muitos não saibam como isso acontece. E o mais importante valor social de qualquer sociedade moderna é o trabalho útil baseado na incorporação de conhecimento considerado legítimo para esse fim. E cada um de nós vai ser avaliado de mil maneiras diferentes pelos outros a partir desse valor fundamental. Como o conhecimento é o único caminho para o trabalho produtivo bem-feito, a posse de conhecimento legítimo – do qual o branco pobre está excluído – é a sua limitação social mais importante.

Já a situação do negro pobre e evangélico é diferente. Ele não é apenas pobre como o branco que analisamos acima. Ele é atormentado constantemente pela insegurança existencial e ontológica provocada pela negação, compartilhada por toda a sociedade, de seu valor como ser humano. Não existe chaga maior para cada um de nós. Já criticamos acima a tolice de quem percebe a economia e as necessidades econômicas como a dimensão mais importante da vida. Vimos que na base de

---

17 *Ver* Charles Taylor, *The Sources of the Self*, 1995.

todo sistema econômico temos um acordo tácito que é sempre moral e político. Mas não é apenas a sociedade que tem como núcleo a moralidade. Nós, indivíduos, também somos moralmente construídos para o bem e para o mal. Isso significa que o que comanda o nosso comportamento prático são as nossas necessidades morais e não econômicas. É, portanto, a partir delas que poderemos compreender a intensidade da entrega de certos segmentos sociais ao bolsonarismo.

Nós somos, na verdade, seres morais, no sentido de que todos somos dependentes do julgamento que a sociedade faz de cada um de nós. É esse julgamento que decide se somos aceitos ou rejeitados pelos outros. Como diz exemplarmente o filósofo canadense Charles Taylor:

> A tese é a de que a nossa identidade é em parte formada pelo reconhecimento ou pela ausência deste. Muito frequentemente, nos casos de falso reconhecimento [*misrecognition*] por parte dos outros, uma pessoa ou um grupo de pessoas pode sofrer um prejuízo real, uma distorção efetiva, na medida em que os outros projetem nele uma imagem desvalorizada e redutora de si mesmos. Não reconhecimento e falso reconhecimento podem infligir mal, podem ser uma forma de opressão, aprisionando alguém em uma forma de vida redutora, distorcida e falsa. Nessa perspectiva, não-reconhecimento não significa apenas ausência do devido respeito. Ele pode infligir feridas graves a alguém, atingindo as suas vítimas com uma mutiladora autoimagem depreciativa. O reconhecimento devido não é apenas uma cortesia que devemos às pessoas. É uma necessidade humana vital.[18]

O que o "não reconhecimento social" causa é a impossibilidade de se construir autoestima e autoconfiança. Sem autoestima, não nos levantamos da cama pela manhã, e somos assolados pela insegurança emocional e pelo desespero. Esse foi o mundo criado para os negros no nosso país. Ao contrário dos brancos, mesmo os pobres, os negros

---

18 Charles Taylor, "The Politics of Recognition", 1994. Tradução minha.

têm que lidar com o desprezo cotidiano e institucionalizado dirigido contra eles. Se trabalha na casa de alguém e some qualquer coisa, será ele o primeiro a ser criminalizado. É o negro que percebe que muitos não vão se sentar ao seu lado no ônibus, e que vão também evitar o encontro casual na rua mudando de calçada. É o negro que vai encontrar os piores empregos, cansativos e repetitivos, usando a energia muscular como os animais e os antigos escravos.

Nos restaurantes de metrópoles como São Paulo e Rio de Janeiro, são, na maioria dos casos, os mestiços nordestinos quem atendem a classe média branca, e quase nunca um negro. Existe uma nítida divisão aí: os mestiços podem conviver com os clientes brancos, os negros devem ficar escondidos na cozinha. Os negros vão exercer o mesmo tipo de trabalho que os antigos escravos exerciam – as mulheres nos lares da classe média faxinando, cozinhando ou cuidando dos filhos da patroa, como a velha escrava doméstica (se possível, sem direito algum); e os homens na última escala dos empregos uberizados e sem proteção, por exemplo, entregando pizza quentinha na casa do bacana de classe média e alta pedalando uma bicicleta do Itaú durante 14 horas ao dia.

A isso, junta-se a perseguição policial e judicial institucionalizada que enchem nossas prisões de pretos pobres. Assim como as execuções sumárias pela polícia e os "linchamentos pedagógicos" que vemos constantemente nas redes sociais. Isso para não falar do interdito político, que reina entre nós há cem anos – por parte das classes do privilégio – e que consiste em derrubar, por golpe de Estado, sob o falso pretexto de combate à corrupção, qualquer governo que defenda a inclusão de negros e de pobres. Todo o cimento social brasileiro de fio a pavio é construído a partir do ódio e do desprezo contra o negro. O branco pobre não sente nada disso, daí a discrepância fundamental entre os dois segmentos sociais populares que analisando neste livro: o "lixo branco" do Sul e de São Paulo; o negro evangélico.

É a partir do verdadeiro inferno social construído para quem é negro no Brasil que podemos perceber o real trabalho das igrejas evangélicas.

Todas as denominações evangélicas, sem exceção, lutam entre si para oferecer um bálsamo para quem sofre tanto e, a partir disso, controlar e manipular os corações e as mentes dos perseguidos e abandonados. Como a falta é, antes de tudo, moral e não econômica, a resposta também tem que ser moral, ainda que rebaixada em moralismo regressivo. Como isso é construído para os negros e mestiços que formam a maioria do mundo evangélico? Pela oposição artificial e fabricada para fins manipulativos, que separa o pobre honesto – ou homem de bem – do pobre visto como delinquente.

A oposição entre o pobre honesto e o pobre delinquente é a oposição moral mais forte nas classes populares.[19] É, antes de tudo, ela que dificulta a solidariedade dos que sofrem, por um lado, e permite também, por outro lado, a adesão subordinada de muitos oprimidos aos códigos das classes brancas e dominantes. Para quem é humilhado 24h por dia, como os negros são no nosso país, libertar-se desse desprezo aterrador e onipresente passa a ser sua maior necessidade, nem que seja à custa de seu irmão de cor e de infortúnio. Assim, a necessidade compreensível dos que habitam um inferno social – que os ameaça com a desumanização constante – explica a ideologia do "embranquecimento" no Brasil. Como vimos, embranquecer é se identificar com o opressor e seus valores – que dizem, por exemplo, que a vida do pobre vale pouco ou nada e que a propriedade dos ricos é o que vale muito.

Nesse contexto, o que mostra a origem elitista dessas distinções é que o crime maior não é o assassinato, mas sim o roubo da propriedade alheia. Para o miliciano ou policial que decide sobre morte e a vida, sua violência é purificadora e visa a utilizar o assassinato em nome da defesa da sociedade dos bons e honestos. Esta visão é compartilhada pela maior parte das pessoas das classes populares, inclusive pelos negros: uma visão que diz que os objetos de consumo das classes do privilégio valem mais do que a vida de um pobre. Essa inversão valorativa mostra

---

19 Jessé Souza, *op. cit.*, 2022b.

o dna mais profundo da sociedade brasileira – proteger a qualquer custo a propriedade dos privilegiados à medida que desvaloriza a vida dos oprimidos, especialmente os negros e pobres.

Como diz um miliciano: "Meu pai era bravo para caralho, mas ele não esquenta a cabeça se eu matar. Só se roubar."[20] Lobo, o miliciano entrevistado por Bruno Paes Manso no seu excelente *A república das milícias*,[21] e seu pai, também da polícia e da milícia, oprimidos socialmente eles próprios, internalizam como se fossem seus os preconceitos construídos pela elite em seu próprio benefício. Essa é nitidamente a "ética miliciana" que age como o "capitão do mato" moderno, conferindo materialidade à ideologia do "bandido bom é bandido morto". Trata-se da continuidade do medo arcaico do escravo rebelde – que não aceita a regra do senhor – a ser evitado a qualquer custo, inclusive pela eliminação física.

Vemos aqui também o elo orgânico entre milícia, igrejas evangélicas e bolsonarismo. O inimigo comum que une igrejas evangélicas variadas, milícias e bolsonarismo é o antiesquerdismo de todos eles. Afinal, qualquer relevância dos direitos populares, e da conscientização da causalidade social que explica a opressão, minam por dentro a lógica comum aos três movimentos. Essa é uma aliança política e não apenas de sentido partidário, mas de visão de mundo comum.

No entanto, para cada negro que "embranquece" existe um negro que será ainda mais hostilizado, agora também pelos seus irmãos de cor. Como as oposições visíveis são sempre "moralistas" – como a salvaguarda da família –, não chega à consciência do negro oprimido (que quer embranquecer) o conteúdo profundamente racial do preconceito original (antes da canalização e mascaramento pseudomoralista) em jogo aqui. Ele, como diria Cartola, cava sua tragédia com os próprios pés.

---

20 Bruno Paes Manso, *A república das milícias*, 2020.
21 *Ibidem*.

CONCLUSÃO

É por conta disso que vemos negros que celebram a rotina assassina da polícia brasileira contra os cidadãos de sua cor. Para escaparem da humilhação constante, eles se associam aos brancos dominadores por meio da adoção de seu código moral e a partir das múltiplas máscaras que o próprio racismo "racial" assume. Como, especialmente no neopentecostalismo, o inimigo a ser abatido são precisamente os cultos afro, o racismo passa a ser o núcleo duro da expansão desse tipo de religiosidade. Ao permitir transmutar o racismo "racial" em uma linguagem religiosa de prestígio, por meio de uma leitura unilateral e neoliberal da Bíblia, a Igreja Universal se aproveita vicariamente do racismo brasileiro como sua principal força motora.

Mas a imensa maioria das denominações pentecostais – e não apenas o neopentecostalismo da Universal – convergem para o mesmo ponto: separar o "pobre honesto" do "pobre delinquente", que passa a ser odiado pelo seu irmão de classe e raça. A "delinquência" pode, afinal, assumir diversas formas. Não é apenas o "bandido" – ou seja o negro – o delinquente. Mas também o LGBT+, a mulher, o usuário de drogas etc., como vimos nas entrevistas acima. Sem o estigma desses tipos sociais, não existe o ganho existencial em autoestima do negro "embranquecido" que se associa ao código dos brancos opressores. É isso o que explica, em última análise, a opção do negro que quer embranquecer moralmente por Bolsonaro.

A partir desse quadro, torna-se mais compreensível que segmentos significativos das classes populares – os quais têm tudo a perder com Bolsonaro – tenham se transformado na principal base de apoio do ex-presidente. Como vimos, seu viés de conservador liberal e de falso moralista conquistou as classes médias e a elite de proprietários. O difícil é conseguir o apoio popular às políticas que são impopulares no seu cerne. Ele consegue isso ao contar com o apoio de lideranças evangélicas dispostas a ressignificar a teologia do domínio neopentecostal – também defendida de modo difuso por outras denominações pentecostais, em uma suposta luta contra as elites, ainda que personalizada de modo infantil e "fulanizada" na figura dos inimigos pessoais do líder – e, depois, combiná-las e ligá-las organicamente com a oposição popular já existente entre o pobre honesto e o pobre delinquente.

Mas é a explicação relativa ao branco pobre do Sul e de São Paulo que mais descortina o mistério de pessoas pobres que idolatram um líder nefasto inimigo dos pobres. Como representante orgânico desse segmento social que se torna sua "classe suporte",[22] Bolsonaro pode ser "quem ele é" e ser amado sem temer represálias. E essa ideia exige que passemos a problematizar aquilo que ninguém gosta de observar em um país que tem ojeriza de admitir seus conflitos: a divisão regional entre os brancos do Sul e de São Paulo e o resto do Brasil, especialmente o Nordeste (mestiço e negro). Essa divisão já está na cabeça das pessoas, seja do algoz, seja da vítima. E ela é arcaica e recalcada: um mero disfarce para o atávico racismo "racial" que comanda, silenciosamente, com suas múltiplas máscaras – para continuar vivo, fingindo que morreu – a política e a sociedade brasileira até hoje.

---

22 Denominação de Max Weber para os estratos sociais que carregam de modo intenso e decidido seja uma religião, seja uma ideologia política, não se confundindo, portanto, com outros grupos nos quais essa predileção é menos intensa.

REFERÊNCIAS BIBLIOGRÁFICAS

ABUD, Kátia Maria. *O sangue intimorato e as nobilíssimas tradições: a construção de um símbolo paulista: o bandeirante.* Cuiabá: Editora UFMT, 2021.

ALMEIDA, Rômulo. *A Igreja Universal e seus demônios: um estudo etnográfico.* São Paulo: Editora Terceiro Nome, 2009.

BERNAYS, Edward. *Crystallizing Public Opinion.* Nova York: Early Birds Books, 2018.

CAMPOS, Leonildo Silveira. "As origens norte-americanas do pentecostalismo brasileiro: observações sobre uma relação ainda pouco avaliada". *Revista USP*, n. 67, 2005, pp. 100–115.

DEWEY, John. *The Public and Its Problems.* Athens: Swallow Press, 2016.

ELIAS, Norbert. *Über den Prozess der Zivilisation.* Berlim: Suhrkamp, 1996. [Ed. bras.: *O processo civilizatório.* Tradução de Ruy Jungmann. São Paulo: Zahar, 1990.]

FERREIRA, Antônio Celso. *A epopeia bandeirante: letrados, instituições, invenção histórica (1870 a 1940).* São Paulo: Editora Unesp, 2002.

FERRETI, Danilo, O uso político do passado bandeirante: o debate entre Oliveira Viana e Alfredo Ellis. *Estudos Históricos*, v. 21, n. 41, junho de 2008.

FOUCAULT Michel. Vigiar e punir: nascimento da prisão

FRASER, Nancy. *The Old Is Dying and the New Cannot Be Born.* Nova York: Verso, 2019. [Ed. bras.: *O velho está morrendo e o novo não pode nascer.* Tradução de Gabriel Landi Fazzio. São Paulo: Autonomia Literária, 2020]

FREUD, Sigmund. *Totem e tabu.* São Paulo: Companhia das Letras, 2013.

_____. *Massenpsychologie und Ich-Analyse.* Berlim: Nikol, 1991. [Ed. bras.: *Psicologia das massas e análise do eu.* Tradução de Paulo César de Souza. Porto Alegre: L&PM, 2013.]

HABERMAS, Jürgen. *Der Strukturwandel der Öffentlichkeit.* Berlim: Suhrkamp, 1975. [Ed. bras.: *Mudança estrutural da esfera pública.* Tradução de Denilson Luís Werle. São Paulo: Editora Unesp, 2014.]

HOLANDA, Sérgio Buarque de. *Raízes do Brasil.* São Paulo: Companhia das Letras, 2001.

HONNETH, Axel. *Der Kampf um Annerkenung.* Berlim: Surhkamp, 1992. [Ed. bras. *Luta por reconhecimento.* Tradução de Luiz Repa. São Paulo: Editora 34, 2009.]

LE BON, Gustave. *The Crowd: A Study of the Popular Mind.* Kansas City: DigiReads, 2009. [Ed. bras. *Psicologia das multidões.* Tradução de Mariana Sérvulo da Cunha. São Paulo: WMF Martins Fontes, 2019.]

LIPMANN, Walter. *The Public Opinion.* Summit: Start Publishing, 2015. [Ed. bras. *Opinião pública.* Tradução de Jacques A. Wainberg. Petrópolis: Vozes, 2017.]

LUHMANN, Niklas. "Inklusion und Exklusion". In: LUHMANN, Niklas (orgs.), *Soziologische Aufklärung 6*, Berlim: Verlag, 2011, pp. 237-264.

LUHMANN, Niklas. "Kausalität im Süden". In: LUHMANN, Niklas. *Soziale Systeme 1.* Berlim: Verlag, 1995, pp. 7-28.

MARIANO, Ricardo. *Neopentecostais: sociologia do novo pentecostalismo no Brasil.* São Paulo: Edições Loyola, 1999.

MAYER, Jane. *Dark Money.* Nova York: Doubleday, 2016.

MOOG, Viana. *Bandeirantes e pioneiros.* Coleção Livros do Brasil, Lisboa, s/d. [Ed. bras. *Bandeirantes e pioneiros.* Rio de Janeiro: José Olympio, 2011.]

MURRAY, Charles. *Losing Ground*. Nova York: Basic Books, 1984.

PAES MANSO, Bruno. *A república das milícias*. São Paulo: Todavia, 2020.

PANITCH, Leo e GINDIN, Sam. *The Making of Global Capitalism: The Political Economy of American Imperialism*. Nova York: Verso, 2013.

PARSONS, Talcott e SHILLS, Edward. *Toward a General Theory of Action*. Londres: Routledge, 2017.

QUEIROZ, Maria Isaura Pereira de. "Ufanismo paulista: vicissitudes de um imaginário". *Revista USP*, n. 13, 1992, pp. 78-87.

SCHUMPETER, Joseph. Capitalism, Socialism, Democracy. Nova York: HarperCollins, 2018. [Ed. bras.: *Capitalismo, socialismo e democracia*. Tradução de Daniel Moreira Miranda. São Paulo: Editora Unesp, 2017.]

SILVA, Vagner Gonçalves da. "Concepções religiosas afro-brasileiras e neopentecostais: uma análise simbólica". *Revista USP*, n. 67, 2005, pp. 150-175,

SIMMEL, Georg. "O dinheiro na cultura moderna". In: SOUZA, Jessé e OELZE, Berthold (orgs.). *Simmel e a modernidade*. Brasília: Editora da UNB, 2005.

SOUZA, Jessé. *A construção social da subcidadania: uma leitura alternativa do Brasil moderno*. Rio de Janeiro: Civilização Brasileira, 2023.

_____. *A herança do golpe*. Rio de Janeiro: Civilização Brasileira, 2022a.

_____. *A ralé brasileira: quem é e como vive*. Rio de Janeiro: Civilização Brasileira, 2022b.

_____. *Brasil dos humilhados: uma denúncia da ideologia elitista*. Rio de Janeiro: Civilização Brasileira, 2022c.

_____. *Como o racismo criou o Brasil*. Rio de Janeiro: Estação Brasil, 2021.

_____. *A classe média no espelho: sua história, seus sonhos e ilusões, sua realidade*. Rio de Janeiro: Estação Brasil, 2018.

TAYLOR, Charles. *The Sources of the Self*, Cambridge: Harvard University Press, 1995. [Ed. bras.: *As fontes do "self"*. São Paulo: Edições Loyola, 1992.]

_____. "The Politics of Recognition". In: Amy Gutmann (org.), *Multiculturalism*. Princeton: Princeton University Press, 1994.

TEIXEIRA, Ana Lúcia. "A letra e o mito: a contribuição de 'Pau Brasil' para a consagração bandeirante nos anos de 1920". *Revista Brasileira de Ciências Sociais*, v. 29, n. 86, out. 2014, pp. 29-44.

TOCQUEVILLE, Alexis. *Democracy in America*. Chicago: University of Chicago Press, 2002. [Ed. bras.: *Da democracia na América*. Tradução de Pablo Costa e Hugo Medeiros. Campinas: Vide, 2019.]

WEBER, Max. *Hinduismus und Buddhismus*. Tubinga: J.C.B. Morh, 1991.

Este livro foi impresso na tipografia Classical Garamond BT,
em corpo 11/16, e impresso em
papel off-white no Sistema Cameron da
Divisão Gráfica da Distribuidora Record.